ILLUMINATIONS

ARTHUR RIMBAUD

ŒUVRES
III

ILLUMINATIONS

suivi de

Correspondance
(1873-1891)

Préface, notices et notes
par
JEAN-LUC STEINMETZ
professeur à l'Université de Nantes

GF-Flammarion

© Flammarion, 1989
ISBN : 2-08-070517-2

A l'heure des merveilles

pour Muriel

« C'est cette époque-ci qui a sombré ! »
A. Rimbaud.

Les *Illuminations* forment l'un de ces recueils illusoires qui cependant ont marqué la littérature d'une empreinte dont nous mesurons encore mal l'amplitude et la profondeur. Il est certain que le surréalisme, pour ne citer que ce mouvement artistique si important dans notre siècle, leur doit un certain style (du moins, crut-il y reconnaître, déjà incandescentes, les merveilles que devait faire surgir l'écriture automatique). Et toute une tendance de la poésie contemporaine poursuit la trace inaugurée par Rimbaud, recherche ou création d'un univers analogique qui pourrait être tout simplement celui de l'esprit quand il s'éveille à l'inconnu.

⁂

La lecture d'*Une saison en enfer* au chapitre intitulé *Alchimie du verbe*, instant pivotal dont on sait, à vrai dire, plus ce qu'il referme que ce qu'il ouvre, contraint de poser l'inévitable question, différemment résolue par les critiques, de la datation des *Illuminations*. L'accent de témoignage que comporte la *Saison* entraîne à y entendre une certaine vérité. Rimbaud n'y multiplie pas les dates, mais plusieurs précisions frappent le lecteur. La fin du livre, notamment, fut longtemps reçue comme une décision sans appel, à la suite de laquelle l'auteur aurait dit adieu à la littérature. Le Rimbaud de Claudel comme celui d'Étiemble suivent cette trajectoire[1]. Et il fallut attendre les démonstrations parfois laborieuses, mais souvent justifiées, d'Henry de Bouillane de Lacoste[2] pour que fût prouvée, par l'analyse graphologique surtout, que les *Illuminations* devaient être, pour la plupart, postérieures à *Une saison en enfer*. Une éclatante preuve supplémentaire viendrait d'ailleurs confirmer cette hypothèse : l'absence du moindre poème en prose dans les citations que fait *Alchimie du verbe*. La postériorité des *Illuminations* a tellement prévalu depuis que presque toutes les éditions n'hésitent pas à les placer après *Une saison en enfer*. Le problème, cependant, est plus insidieux. Il demande à être exposé en pleine clarté. Ce n'est pas, on s'en doute, un pur point d'érudition. De lui, en effet, dépend « notre » Rimbaud — un être héroïquement fidèle à lui-même ou le contradicteur de sa propre parole.

Si les poèmes cités dans *Alchimie du verbe* suffisent, aux yeux de Rimbaud lui-même, pour représenter son ancienne poésie, il n'empêche que le début de la *Saison* laisse entendre que plusieurs autres textes sont pour l'instant passés sous silence et que l'auteur se réserve de les publier par la suite. Ce sont ces fameuses « petites lâchetés en retard » qu'il ne semble pas aberrant d'identifier avec plusieurs *Illuminations*. Souvenons-nous que Rimbaud, écrivant à Delahaye en mai 1873, lui annonçait qu'il composait certaines « histoires en prose », mais parlait également de quelques « fraguemants en prose », à l'évidence bien distincts des « histoires atroces » mentionnées auparavant. Déjà, Verlaine, dans une lettre de Londres adressée à Edmond Lepelletier le 8 novembre 1872, avait indiqué parmi les affaires à lui renvoyer de Paris une « dizaine de lettres de Rimbaud contenant des vers et des poèmes en prose[3] ». Certes, l'analyse de l'écriture de Rimbaud sur les feuillets des *Illumina-tions* montre bien que la plupart de ces poèmes furent écrits (recopiés) en 1873-1874, durant une période où il vivait à Londres avec Germain Nouveau. *Metropoli-tain* et *Villes [I]* (corrigés par Rimbaud) sont même de la main de Nouveau[4]. Cependant, comme le conseille toujours la prudence en matière de critique littéraire, il convient de revenir aux textes — ce qui, en l'occurrence, n'est pas simple. Les *Illuminations?* *Une saison en enfer?* A première vue, nous avons affaire à des genres distincts. Mais cette dissemblance formelle ne consigne pas nécessairement des temps de composi-tion différents. Certes, nous lisons séparément — et nous ne pouvons guère procéder autrement — ici des poèmes en prose, là les « hideux feuillets d'un carnet de damné ». Mais ce que tout lecteur est en mesure de découvrir à la longue, par la fréquentation des mots et des tournures dont il devient vite le familier, c'est la contiguïté, voire l'osmose, qui existe entre les deux œuvres, comme si, d'instant en instant, de vocable en vocable, de situation en situation, se développaient des effets de résonance et comme si chaque texte renvoyait à l'autre, le réfléchissait, y scintillait. Il est peu douteux, selon moi, que les *Illuminations* ne fassent encore pleinement partie de ces prestidigita-tions, de ces élans mystiques, de ces virevoltes de l'art que Rimbaud condamne dans la *Saison*. Ainsi se trouverait justifié le terme de « lâchetés » qu'il pro-nonce au seuil de ce livre pour désigner des écrits dont la nature demeure énigmatique cependant. Il les révoque, non sans les désigner par une périphrase. Quelque part en lui, demeurait-il une confiance dans leurs qualités magiques, leur vertu inventive, leur irradiation visionnaire?

Une saison en enfer veut coûte que coûte quérir le réel, s'écarter des faussetés, des images, des mirages : religion, poésie, tentations sentimentales, quand bien même devraient leur céder place la « réalité rugueuse » et, par exemple, l'épuisant travail des paysans qui se déroule non loin de « la main à plume ». Mais Rimbaud garde sous le coude la

mystérieuse liasse de ses « poèmes en prose » dont il
ne se résout pas à détruire la beauté. Que l'on songe au
geste qu'il eut durant l'automne 1873, quand, de
retour de Bruxelles avec les quelques exemplaires de la
Saison qui lui revenaient, il jeta ceux-ci au feu.
Certains ont cru qu'il confirmait ainsi l'adieu pro-
noncé à la fin du livre. Ne devrait-on pas penser plutôt
que son acte visait à détruire une résolution qu'il
estimait hâtive ? Souvenons-nous que lui-même
n'avait pas livré à l'imprimeur la phrase la plus
irritante de ses brouillons : « L'art est une sottise. »

Le fait est là. Des *Illuminations* seront recopiées,
voire composées en 1874, peut-être plus tard. En
outre, quelques témoignages prouvent le souci tardif
qu'il eut (en 1875) de faire imprimer un ensemble de
« poèmes en prose » (dont nous avons la mise au net, à
défaut d'un manuscrit homogène). Rien, donc, ne
s'était achevé avec la *Saison*. Mais ce qui continuait
relevait peut-être plus du souci de mettre au net des
textes, qui tout aussi bien auraient pu être abandon-
nés, que d'une nouvelle phase dans la création rimbal-
dienne. Il n'est pas interdit de penser que Rimbaud,
ayant sacrifié lui-même son seul livre publié, n'ait eu,
par la suite, l'intention de donner l'ultime « coup
d'archet » et de produire, aux yeux d'un public qu'il
savait pourtant hostile, ses dernières visions. De la
Saison aux *Illuminations* passe — répétons-le — une
volute réciproque [5]. Énergie, refus, assentiment les
éclairent de l'intérieur. Double voix. Connivences.
Nous devons accepter qu'elles soient séparées. Non
d'ailleurs que Rimbaud ironise ainsi (comme Lautréa-
mont-Ducasse imposant après *Les Chants de Maldoror*
l'apparente palinodie de ses *Poésies*). Il suggère plutôt
un mode inédit de lecture où l'idée se révélerait selon
des formes différentes, unité dans la diversité.

Maurice Blanchot s'est interrogé sur une telle
gémellité : « Il est manifeste — dit-il — que, dans les
deux ouvrages, la rapidité est le trait essentiel de la
parole, son pouvoir d'atteinte et sa chance de dire
vrai. » Mais il ajoute : « Alors pourquoi le mouvement
des deux écritures est-il tel qu'on ne saurait les

soumettre à la même mesure ? » [6] C'est qu'en effet les *Illuminations* et *Une saison en enfer* ne constituent pas une totalité rêvée, mais qu'une série de contradictions « maintenues » les affilie.

On le voit, le véritable livre sur l'œuvre de Rimbaud serait celui qui, évitant le parti de la rupture ou de la continuité, choisirait plutôt, pour ces années décisives, la simultanéité — non sans estimer que l'auteur occupait alors une position de funambule de laquelle il voyait tantôt l'ombre, tantôt la lumière.

Des quelque cinquante-quatre textes qui nous sont parvenus, nous ne saurons sans doute jamais la vraie période de rédaction, bien que l'on devine certaines phases ou zones similaires et, pour ainsi dire, de même couleur. Retenons seulement qu'en plusieurs se lisent des références à l'Angleterre [7] — ce qui, certes, ne suffit pas pour assurer qu'ils furent composés lorsque Rimbaud se trouvait là-bas, mais tend à montrer que les séjours qu'il y fit laissèrent des traces sémantiques dans son œuvre. Par certains côtés, les *Illuminations* sont exotiques ; elles tiennent compte d'un autre pays, et surtout de Londres, la ville de la Bible (comme Sodome), constamment flagellée par les Érinnyes du monde moderne. L'Angleterre fut peut-être l'occasion d'une nouvelle forme d'écriture, cartes postales dynamisées où Rimbaud voulut aussi tirer « son » épreuve, cependant qu'une autre langue résonnait auprès de lui et le plongeait dans le climat d'étrangeté de l'exil.

Quant au réel plan de l'ouvrage (qui n'en avait peut-être pas !), il faut nous contenter de celui qu'instaura sur le tard le critique Félix Fénéon [8], qui, chargé de les éditer, leur imposa un ordre auquel l'habitude veut que l'on se conforme, encore que bien des éléments révélés par l'analyse interne comme par la graphologie conseillent de le remettre en cause. A commencer d'ailleurs par le titre. Ne sommes-nous pas déjà placés devant une incertitude ? Si opportun soit-il, si riche et désormais indispensable, jamais il n'apparut sous la plume de Rimbaud et nous devons nous contenter à son endroit de conjectures. Verlaine parle des « Illuminécheunes » dans une lettre à Charles de Sivry[9], laissant entendre ainsi une prononciation anglaise du mot que, par ailleurs, il accompagne de précisions telles que « *painted plates* » ou « *coloured plates* ». Nous n'avons aucune raison de soupçonner le bien-fondé de ses assertions, d'autant plus qu'elles semblent coïncider avec les affirmations d'*Alchimie du verbe* où Rimbaud se dit séduit par des « enseignes » et des « enluminures » populaires (que signifierait précisément *Illuminations*). *Plates* veut dire « assiettes » (?), « plaques » ou encore « planches ». Coloriées ? Peintes ? Je serais tenté, pour ma part, d'y voir l'indication d'un dispositif plus complexe, assez proche du travail du rêve. Dans *Une saison en enfer*, Rimbaud fait référence une fois à la lanterne magique (« La lanterne nous le montra [...] »). Par cet objet, surtout jouet, on projetait sur une toile ou sur une paroi lisse le motif de certaines *plaques coloriées*. Je me demande si un certain nombre d'*Illuminations* ne fonctionnent pas selon un tel mécanisme — par analogie[10]. Sans récuser le premier sens d'enluminures qui assure du goût de Rimbaud (attesté par ses poèmes de 1872) pour certains spectacles naïfs, pour des histoires populaires, pour des scènes de contes, j'accorde plus précisément à ces « assiettes peintes » ou à ces « enluminures » une lumière, en arrière placée, qui les produit aux yeux du lecteur, et peut-être de ce premier lecteur que fut Rimbaud. Ainsi se met en position un ensemble qui, d'abord référable à une certaine image dynamique que nous nous faisons de la production du rêve, se retrouverait dans l'écriture projective de Rimbaud. A décomposer les mouvements de ce processus (dont j'admets, pour l'instant, que je le reconstitue par pure intuition), je noterai d'abord la préexistence d'une scène interne illuminant Rimbaud lui-même et se répandant en lui, exactement comme le rêve (le film du rêve) investit l'esprit du rêveur. Il se trouverait qu'ensuite Rimbaud en tirerait une plaque « littéraire » visuelle (ce qui suppose moins une *reproduction* qu'un entraînement, un *développement* par les mots). Chaque « illumination » en serait la réplique et pour tout lecteur équivaudrait alors à une véritable scène hypnotique se mouvant sous son regard (et dans son audition). Je crois que les *Illuminations* valent moins comme message d' « illuminé » (au sens où Nerval parle des penseurs « illuminés », voire « illuministes », de la Révolution française) ou perception mystique du monde (élévation, extase) que comme mécanisme quasi matériel invitant à tenir compte tout à la fois du cadrage du texte et de ses composants visuels : signes de ponctuation, blanchiment des paragraphes, liaison entre les mots, ces mots eux-mêmes dont les constituants minimaux peuvent s'assembler ou se désagréger comme des atomes. L'écriture assure la projection de la lumière, reprise par le faisceau lumineux de la lecture.

A lui seul, le terme d'*Illuminations* indique donc, si on doit le conserver, une forme de style, de composition et, de ce fait, une perception du texte véritablement conçu pour le regard. Rimbaud, dans l'histoire du poème en prose [11], où il s'inscrit pleinement, trace un certain retour aux origines, pour un nouvel élan vers la modernité. On sait que le poème en prose naquit sous la plume d'Aloysius Bertrand, aux alentours de 1830. Le seul recueil qu'il composa, *Gaspard de la Nuit* (publié posthume), prenait ses modèles dans l'art pictural. Référence était faite aux tableaux ou gravures de Callot et de Rembrandt et, ce qui bientôt intéressera notre réflexion, au théâtre de Séraphin. La peinture offrait donc à Bertrand l'exemple d'une surface délimitée, occupée par des linéaments et des couleurs. Selon les modalités diverses d'une transposition soigneusement étudiée, son œuvre empruntera à de tels procédés. Ses poèmes étaient déjà des embrasures donnant sur le réel, l'imaginaire ou l'onirique. La scène composée, cohérente, n'est pas figée toutefois. La référence faite au théâtre de Séraphin [12] s'en trouve justifiée. Elle attire d'autant plus notre attention qu'elle permettait, dès cette époque, de sortir de l'art classique de la peinture pour explorer des zones

encore vierges où s'annonçait la magie du cinéma. En
effet, Séraphin proposait dès 1780 une attraction qui
devint fort célèbre dans tout Paris. Il tenait au Palais-
Royal un théâtre d'ombres chinoises que fréquen-
taient aussi bien les adultes que les enfants. Les
canevas en étaient simples. Ils allaient de la fable au
conte merveilleux. Retenons de tels sujets, naïfs
(souvent moralisants), et l'usage d'une production
d'images dans une salle obscure. Ce théâtre d'ombres
ne laissera pas indifférent Baudelaire lui-même, ni,
plus tard, Antonin Artaud [13], à une époque où, bien
entendu, le brave Séraphin et sa baraque n'existaient
plus, mais où, pour ces poètes, la question d'un
dispositif producteur d'images se posait en tant qu'il
offrait des analogies avec les impressions envahissant
l'esprit du rêveur, du haschichin, de l'écrivain, du
dramaturge. Au milieu de la nuit ou dans un monde
où règne artificiellement l'obscurité, l'image « colo-
rée » apparaît, irrécusable, hallucinatoire, fantasmati-
que plutôt que fantomatique. Elle acquiert une vertu
d'évidence.

Rimbaud rejoindrait donc ici, tout en les gauchis-
sant, les intentions des premiers poètes en prose.
Dans une certaine mesure, son texte serait moins
proche des petits poèmes baudelairiens volontaire-
ment narratifs, prenant parfois l'extension d'une nou-
velle et combinant l'éphémère et l'éternel, ces compo-
sants d'une modernité où domine le symbole. Baude-
laire, présentant Le Spleen de Paris, s'attache davan-
tage à une stylistique [14]; il néglige cette lumière
spéciale dont sont éclairés Gaspard de la Nuit et les
Illuminations, lumière ayant trait à une projection à
partir de l'esprit de l'écrivain jusqu'à ce monde-ci. Les
Illuminations nous introduisent donc, par le choix d'un
titre présumé, à un type d'œuvre qui suppose angle de
vision, chromatisme, ombres et clartés, symétries et
décrochements. Cela, moins pour refléter un réel
originel (qui reste toujours aléatoire pour quiconque
écrit) que pour ouvrir dans le réel et, pourrait-on dire,
dans la nuit du réel un hublot de clarté, des « brèches
operadiques » (pour citer Rimbaud lui-même) [15]. Une

telle décision d'ouverture, cernée par un cadre, donne
au texte sa forme et sans doute son style. Il est fait
pour être regardé, ensemble mobile, mais enclos,
structure où se répondent dans un espace tabulaire les
tropes, les mots, voire les syllabes. Le « donner à
voir » offert par le texte s'inverse dans un texte donné
à voir, sans jamais qu'une telle opération soit réducti-
ble à un geste métalinguistique. Le texte propose à
voir quelque chose d'autre que lui ; il est transitif, en
dépit des blocages qu'il impose et des commentaires
dont il accompagne ce qu'il produit.

J'ai, jusqu'à maintenant, présenté les *Illuminations*
comme des « plaques coloriées » anticipant sur nos
modernes diapositives, avec tout ce que comporte-
raient de visions mentales ces verres peints. De même,
j'ai pensé, comme beaucoup d'autres, avoir affaire à
des « poèmes en prose ». Il n'empêche qu'une fois, du
moins, ces textes furent l'objet d'une autre caractérisa-
tion. C'est en effet en tant que « série de superbes
fragments » que Verlaine les décrivit dans son article
sur Rimbaud, d'abord paru dans *Lutèce* en 1883 et
repris dans *Les Poètes maudits* l'année suivante. Or,
dès le mois de mai 1873, Rimbaud, dans une lettre
adressée à E. Delahaye, réclamait « quelques fraguе-
mants en prose de moi ou de lui » [*Verlaine*]. Certes,
rien ne prouve que l'objet de cette demande corres-
pondait aux « superbes fragments » rappelés par
Verlaine dix ans plus tard, et cela d'autant moins que
lesdits « fraguemants » par lesquels Rimbaud signalait
alors certains de ses textes nommaient également des
écrits de Verlaine que nous ignorons ; du moins
savons-nous que le « poète saturnien » n'a que très
rarement composé des fictions rappelant de près ou de
loin le poème en prose[16]. Pourquoi, en ce cas, les
« fraguemants » de Rimbaud désigneraient-ils ses *Illu-
minations* ? La question est loin d'être résolue et
l'esthétique même du fragment, telle qu'elle fut
pensée, à l'époque romantique par exemple, par les

théoriciens de l'*Athenaeum*[17], ne paraît nullement confirmer l'utilisation d'un tel genre, même profondément modifié, par Rimbaud[18]. Cependant, Verlaine, en 1883-1884, en jugeait ainsi. Il est vrai qu'en 1886 il les considérera comme de « courtes pièces ».

Je me suis attardé sur ce problème, parce que de sa résolution aurait pu naître une vision d'ensemble des *Illuminations*, dont le classement, on le sait, demeure sujet à caution. Leur lecture montre toutefois que nous sommes en présence d'une même forme[19] — définissable par l'étendue et ce qu'on pourrait appeler les partitions. Le texte est le plus souvent constitué de quatre ou cinq paragraphes ; il est bref, à l'exception de quelques pièces comme *Villes* ou *Promontoire*. L'espace typographique est aéré par des blancs mesurés suggérant une organisation de la lecture. La progression narrative existe à l'intérieur du modèle tabulaire adopté. Mais le mouvement l'emporte sur la linéarité. Fréquemment des sous-genres sont mis à l'épreuve : l'énigme dans *H*, le conte dans le texte portant ce titre, la prière dans *Dévotion*, la parade dans *Solde*, la nouvelle réaliste dans *Ouvriers*, la description parnassienne dans *Antique* ou *Fleurs*, etc. Rimbaud sait très bien assimiler des manières différentes, mais il les rend siennes. Au-delà d'une variété patente, d'un déploiement de feux d'artifice, on peut cependant repérer plusieurs ensembles qui, bien entendu, ne sont pas nettement délimités, mais paraissent appartenir à l'ordre d'une décision. Des liens les apparient. Des préoccupations communes les rapprochent — et non point seulement des figures de style, des traits d'écriture. Ils peuvent, certes, être réduits à cela, à des structures. Tout laisse supposer cependant qu'ils illustrent un ou plusieurs projets, esquisses parfois, pièces achevées le plus souvent, comme le prouvent les manuscrits où Rimbaud sans ratures (ou presque) les recopia. A ce titre, le terme de fragment mérite d'être retenu, non plus tant pour la forme qu'il implique que pour la distribution qu'il suppose.

Grande est la tentation, quand on parcourt les *Illuminations*, de conférer d'abord une certaine préé-

minence à plusieurs poèmes déjà considérés par
Rimbaud comme séries[20]. *Enfance* (5 textes), *Vies*
(3 textes), *Jeunesse* (4 textes) composent une sorte de
domaine biographique. Toute lecture de ces poèmes
nous assure néanmoins que l'existence de Rimbaud,
transparaissant comme un spectre, y est constamment
modifiée, dévoyée, en sorte que j'ai pu proposer pour
nommer ce phénomène le terme d'*anabiographie* mon-
trant par là que nous avons affaire à des vies ou
fragments de vies entièrement transformées, obéissant
à un principe de projection (comme les anamorphoses)
opérée cette fois par le désir. Rimbaud affirme dans
Une saison en enfer qu'à chaque être plusieurs vies lui
semblaient dues. Je verrais assez dans de tels poèmes
comme l'aboutissement de cette intuition. Ainsi, on
peut retrouver (et de même perdre de vue) Rimbaud.
Car il y est et il n'y est pas. Et versent aussi bien dans
l'erreur ceux qui disent qu'il n'y est pas (seul le texte
l'emporterait, issu d'un auteur définitivement privé de
son sang) que ceux qui profèrent qu'il y est et qui,
dans ce cas, s'empêtrent dans le réalisme de la
représentation. Exemplaires me paraissent donc ces
poèmes pour mesurer un certain régime d'écriture,
utilisé de façon privilégiée et qui porte en tout premier
lieu sur celui qui le produit. Dès lors, qui parle dans
ces textes formateurs d'une ou de plusieurs existen-
ces ? La variation des pronoms personnels, où nous
nous serions attendu à voir dominer le Je, reste en ce
point confondante, et si, dans *Vies* par exemple, les
trois poèmes de la série dépendent bien d'une pre-
mière personne qui nous rapproche évidemment de
l'auteur, dans *Enfance*, deux textes sur cinq n'ont
nullement besoin de cette autorité pronominale (bien
qu'ils brassent des références typiquement rimbal-
diennes). Rimbaud — son œuvre en offre maintes
preuves, depuis le « Cahier des dix ans » jusqu'à *Une
saison en enfer*, en passant par *Les Poètes de sept ans*,
Comédie de la Soif ou *Mémoire* — a toujours placé au
centre de ses préoccupations un projet biographique et
cherché à se recomposer lui-même. Ce programme,
plus ou moins conscient selon les époques, j'ai déjà

montré qu'il dépendait d'un « connais-toi toi-même »
révélant, de ce fait, non plus l'autorité du sujet
psychologique, mais sa pluralité. De là, dès 1872, la
polyphonie d'*Age d'or*, puis ce concert de voix contra-
dictoires qui anime la *Saison*. Tout laisse penser que
Rimbaud, dans ses *Illuminations*, n'a pas renoncé à
cette mise en scène de ses virtualités (avant de jouer sa
vraie vie : « commerçant, colon, médium »). Il agite
les silhouettes des vies qui lui sont dues — et les
enfances et la jeunesse, prenant son bien, l'éparpil-
lant, modelant son génie, son « tempérament », au gré
des infortunes et des fortunes, réelles ou rêvées.
L'ensemble anabiographique des *Illuminations*, qui
déborde d'ailleurs les poèmes que j'ai dits, peut aussi
bien se concevoir en contrepoint de la *Saison* que lui
donner suite. Il est proche du légendaire auquel
Rimbaud a toujours aspiré. Le pseudo-réel de la
Saison entrerait donc en concurrence avec l'imaginaire
des *Illuminations*. Une parole, vraisemblable ici, serait
là prise en relais par une parole problématique :
« Dans une demeure cernée par l'Orient entier, j'ai
accompli mon immense œuvre. » Que vaut ce Je qui
décrit ainsi sa vie et qui, en fait, la forme ? Ce que
l'on n'a guère compris, c'est que Rimbaud, dans
sa création, dispose d'un matériel personnel pour
s' « accomplir » et que son invention ne se fait pas à
partir du néant. Affirmer cela ne cherche pas pour
autant à réhabiliter un obligatoire antécédent référen-
tiel. La multiplication dans le texte d'éléments qui
évoquent sa vraie vie n'est évidemment pas gratuite ;
mais d'autre part, elle pose des pièges à la lecture ; elle
forme une matière variable, tantôt fiable, tantôt
égarante. Qualifions-la de *transférentielle*. En de nom-
breuses *Illuminations* apparaît, puis se cache (comme
dans le jeu du furet qui court toujours...), non point
une signification, mais l'existence même de Rimbaud
se donnant en spectacle crypté. Le même poème peut
alors affirmer « Je suis le saint en prière sur la
terrasse » et nous laisser entendre qu'il n'y a là
qu'image, et « Je suis le piéton de la grand'route » et
confirmer ainsi une expérience, celle des vagabon-

dages. Dans le tableau projeté par Rimbaud, l'un vaut l'autre, mais le trait biographique y résonne avec une évidence suffisante pour nous déconseiller de ne voir là que pure gratuité.

C'est pourquoi je ne pense pas qu'il faille considérer les *Illuminations* comme des sortes d'exercices de style supérieurs dont l'unique résultat serait de nous enseigner un nouveau mode de lecture. Je n'y entends pas une aussi stérile modernité. Certes, leur lecture est souvent empêchée ; elle n'en demeure pas moins transitive [21], et nous avons à suivre avant tout cette transition et ce transfert (ce que Mallarmé appelle ailleurs « transposition »). L'un des poèmes où domine le Je portait d'abord le titre de *Métamorphoses*, avant de s'intituler *Bottom*. On y voit les mues d'une première personne prenant tour à tour plusieurs figures animales : oiseau gris-bleu, gros ours, âne braillant son grief. Cette manière de fable onirique de la déception amoureuse nous enjoint surtout de considérer à quel point les *Illuminations* baignent dans un climat de transformations à vue d'œil et d'opérations magiques par le fait du texte lui-même. Alchimie du verbe, donc, qui se continuerait et ne bornerait pas à la seule littérature ses effets. Par le désir de Rimbaud se constitue « sur le chantier » un monde de la mobilité, du dynamisme, de l'énergie [22], de la mutation. Si le texte est en mutation, provoquant ainsi confusions, polyphonie, glissements sémantiques, anagrammes, brouillage du sens, il semble chercher prioritairement à changer. *Changer* absolument, et non pas se changer. Sa destination se lit dans ce change qui pourrait, selon une logique platonicienne, s'en prendre encore aux « apparences actuelles », mais surtout qui place au premier plan (du tableau mouvant) les Phénomènes. Il faut comprendre ce qu'a de philosophiquement *phénoménal* la dernière poétique de Rimbaud, nous mettant à l'heure de sa création, que les surréalistes confondront vite avec leur écriture automatique. Cette poétique *fait naître*. L'effort est, certes, inhumain et sans doute beaucoup plus faustien que celui dont témoignaient les poèmes de 1872. Son caractère insensé tient dans la croyance que les mots pourraient avoir une vertu performative, et nous songeons au Christ des miracles, au Christ du « ceci est mon corps ». La tentative de Rimbaud est extrême. On en lit l'orgueil dans *Génie* ; on la devine dans *Royauté* ; elle éclaire *A une Raison* ; elle explique *Conte* ; et l'on pressent par quelle espérance elle se rattache au motif biographique, pris, rejeté, repris, comme on modèlerait le nouvel homme à partir de la très ancienne argile.

Les *Illuminations* ne présentent pas autre chose : la refonte du corps, le change de l'esprit, l'accroissement des quelques pouvoirs dont nous sommes les inexperts détenteurs. Dans le domaine de la poésie, le programme est assurément sans précédent, sauf à lui annexer les formules des arcanes, les prophéties, les incantations, les oracles. La particularité de Rimbaud consiste bien à tenter l'impossible avec les moyens de son art, sans davantage s'aider de l'alchimie ou de la magie traditionnelle. Sa poésie n'est pas sujette à de telles sciences maudites ; elle ne leur emprunte (comme Baudelaire [23]) qu'une comparaison. Pourtant nous ne devons pas plus la réduire à un effet de langage. Elle valide, certes, une langue transformée (où nous reconnaissons la nôtre) ; là toutefois n'est pas son dessein majeur, puisqu'elle ambitionne au premier chef de changer le réel. Une audace l'emporte, l'idée que les paroles captent l'illimité. Tous les poèmes ne se tiennent pas sur cette ligne de crête ; certains témoignent, bien sûr, d'un recul, d'un échec, d'une remise en question, tout comme le *Bateau ivre* voyait se refermer son parcours dans l'étroitesse d'une flaque d'eau. Qu'ils soient victoire ou détresse, ils portent tous cependant le ton d'une démesure, un élan, un essor, parfois moins purs que dans les « espèces de romances » chantées en 1872, mais greffés sur l'imaginaire, éclairés d'une lueur de genèse, si bien que nous assistons à l'avènement d'un nouveau corps, non plus vaine et vanée Vénus anadyomène, mais Beauté à tout jamais inconnaissable (sinon par ce que nous en adresse Rimbaud), Raison, Génie.

Il est quelqu'un, plus que Baudelaire, qui permet de comprendre assez précisément ce que voulut Rimbaud — et c'est Artaud lui-même, dans l'insatisfaction de son corps, le refus de son anatomie, le rejet forcené de la momie humaine [24]. Je l'évoquai à propos d'*Une saison en enfer*. Il me semble que les *Illuminations* répondent encore mieux à l'ambition insensée de celui-ci, voulant muter l'homme et, presque à tout prix, le sauver. Suffit-il d'écrire un poème pour obtenir un tel résultat ? Rien n'est moins sûr. Cependant, la lecture des *Illuminations*, qu'elle soit parcellaire ou complète, mène toujours, non pas à une illusion référentielle [25], mais à une révolution profonde.

Devant son misérable compagnon, le narrateur de *Vagabonds* s'engageait à trouver « le *lieu* et la *formule* ». Et, de fait, tous les poèmes d'*Illuminations* illustrent une formule plus ou moins éprouvée. Tous également créent un lieu. Quant à la progression de l'ensemble (qui d'ailleurs comporte sans doute bien des lacunes et peut être aussi bien considéré comme un reste que comme une somme), il dépend de nous qu'elle soit sujette d'une certaine entropie inscrivant çà et là l'échec de l'entreprise ou d'une ascension cardinale. Bien des *Illuminations* semblent constamment entraînées sur une voie de perte après avoir touché des sommets. Certains poèmes cependant gardent l'espérance intacte, ou mieux, affichent la conquête de haute lutte et témoignent sous un jour définitif de ce qui fut trouvé.

Si *Après le Déluge* (placé, depuis Fénéon, en tête du recueil [26]) affirme l'inévitable retour du vieux monde et constate l'impossibilité du « dégagement rêvé », si le touriste naïf de *Soir historique* ne parvient pas à déciller sa « vision esclave », si *Solde* feint de brader les plus sûres merveilles, d'autres textes, en revanche, s'étendent brillamment dans un monde nouveau ; ils l'occupent d'une architecture, d'une flore ou d'une

humanité imputrescibles. Par la construction de cet
univers, qu'on ne saurait réduire à un simple agence-
ment textuel, car il décoche en nous des traits
d'émotion, Rimbaud a très certainement atteint le
« point sublime » de son projet poétique. Une ving-
taine de poèmes donnent un aperçu sur un univers
impensé jusqu'alors, quoique souvent souhaité par
l'imaginaire humain. Rimbaud, les fabriquant, a
pourvu la société d'objets inédits qui n'ont pas
simplement une valeur esthétique (ce ne sont ni des
émaux, ni des camées, ni des trophées, ni des
stalactites), mais une force de communication, d'inter-
signes. Ils assurent une quatrième dimension dépas-
sant les mesures de la logique rationnelle et de la
géométrie commune. Cette percée, elle se fait dans le
langage. Temps, mais surtout espace sont strictement
utilisés en vue d'une transgression.

  Ornières définit le spectacle (d'écriture, de rêve),
place ouverte pour « l'autre scène », c'est-à-dire la
féerie. A droite, l'aube d'été qui éveille le monde. A
gauche, l'ombre des talus. De la droite à la gauche, de
l'Orient à l'Occident, un faisceau de lumière balaie
l'espace ainsi ouvert ; le défilé apparaît, la suite des
imaginations devenues réelles, les saltimbanques, les
enfants, les bêtes fabuleuses. Il serait faux de dire
cependant que tout est regroupé dans le cadre de ce
poème. Il convient plutôt d'y percevoir une conver-
gence infinie, un mouvement d'éveil en train de se
produire et comme la vie et la mort constamment
suscitées, elles-mêmes devenues métaphores d'un
monde à venir. Une mise en place semblable apparaît
dans *Mystique*. A gauche, les homicides, les désastres ;
à droite, la ligne des orients, des progrès. Ici l'équili-
bre du tableau s'enrichit de notions d'habitude invisi-
bles (excepté dans l'allégorie) ; les abstractions s'impo-
sent, nettes et brillantes, au même titre que les objets,
dans un panorama physique et métaphysique assurant
l'épiphanie de motions spirituelles. Cet ensemble
vivant n'a rien des lointains brumeux de la rêverie ni
de la matité des rêves. L'autorité du poème équivaut à
celle d'un monde d'une vigueur et d'une beauté sans

commune mesure avec le nôtre. Nous aimons Rim-
baud dans ces domaines conquis, purs de tous
remords, dressés dans une érection joyeuse. Attirance,
élévation, optimisme, telle est la part la plus requé-
rante des *Illuminations,* celle où il semble avoir touché
non l'impersonnalité parnassienne d'où l'affect est
banni, mais une objectivité merveilleuse provignant la
lumière. *Fleurs, Fête d'hiver, Fairy* assument l'espace
neuf. Elles y font régner un éclat qu'on ne retrouvera
plus guère dans la littérature, excepté quand Artaud
décrira certains tableaux de Van Gogh. Certes, en
dernier lieu, il s'agit d'un artifice, ce qui, on le sait
déjà, provoquera de la part de Rimbaud une répulsion
finale, au nom du réel justicier. Rimbaud nous
transmet non pas un message d'extraterrestre, mais
bel et bien l'éveil. Il ouvre des portes, découvre avec
violence, et sans les médiatiser par une quelconque
théorie (la « Lettre du voyant » n'y suffirait évidem-
ment plus), des possibilités endormies dans l'homme :
possibilités de formulation d'abord, de présentation
ensuite, puis, si l'on est plus réceptif, de présence. Il
propose là un « être au monde » inédit, d'autant plus
fort, d'autant plus irrésistible qu'il estime que « nous
ne sommes pas au monde », que nos sensations, nos
affects, notre intelligence demandent à être affinés,
aiguisés pour percer le décor.

   Il n'a jamais écrit pour le théâtre — ce qui est une
rareté pour un écrivain de ce temps. Mais le théâtre est
bien présent dans son œuvre. En cela Rimbaud semble
occuper un lieu poétique opposé à celui qu'il revendi-
quait dans l'une des phrases d'*Alchimie du verbe* quand
il souhaitait ni plus ni moins fusionner avec la nature :
« A toi Nature je me rends », avait-il dit dans
Bannières de mai. Or ce n'est plus à cette innocence
première qu'il se réfère maintenant, mais aux forces
de l'artifice, à l'*upokritès,* au comédien. *Parade* fait
défiler sous nos yeux des « drôles très solides » doués
pour interpréter les rôles les plus divers. Nul doute
que Rimbaud ne s'estime enrôlé parmi eux. Leur
talent leur permet d'endosser toutes les défroques,
d'être aussi bien des chanteurs de complaintes ou de

chansons « bonnes filles » que les héros de tragé-
dies ou de pièces nouvelles. Assumant de multiples
personnalités, protéens, Frégolis d'un mystère dérou-
tant, ils ne se contentent pas d'incarner des emplois
connus, mais ils exposent sur scène « avec le goût du
mauvais rêve » des actions imprévues qui prétendent
peut-être servir de modèle à l'histoire à venir. Ils
« usent de la comédie magnétique ». Recourant à un
certain effet d'hypnose, ils influent sur le réel, placent
leurs spectateurs (lecteurs) dans un état-limite où se
révèlent les plus grandes (parfois les plus dangereuses)
aspirations de l'âme et du corps. La « comédie »
rimbaldienne où le poète anime sa Pentecôte, son
pluriel de langues, édifie un univers analogique réins-
crivant également l'histoire du monde[27]. Ici inter-
vient, du reste, le milieu proprement théâtral que,
durant son séjour en Angleterre en compagnie de
Verlaine, mais déjà, auparavant, en France et en
Belgique, Rimbaud connut[28]. Il est sûr qu'il fut séduit
par la magie toute provisoire qu'exercèrent sur lui de
telles soirées et il faut en tenir compte quand on lit les
Illuminations. Ignorerait-on qu'il fut le spectateur de
pièces, d'opéras-comiques, voire d'opéras, que l'on
pressentirait, du moins, ce que sa fiction leur doit. Le
Rimbaud de mai 1873 demande à Delahaye de lui
communiquer la traduction de *Faust* et les œuvres de
Shakespeare. Et constamment des allusions apparais-
sent dans ses poèmes en prose qui renvoient au monde
dramatique. *Scènes* évoque « l'ancienne comédie »
(poursuivant « ses accords » et divisant ses « idylles »)
et suppose une nouvelle comédie ou théâtre contem-
porain, le véritable opéra des temps modernes. De
même, *Soir historique,* traçant une démarcation entre
autrefois et maintenant, signale la comédie qui
« goutte sur les tréteaux de gazon ». *Bottom* se sou-
vient du *Songe d'une nuit d'été* où, comme dans
Hamlet, est interprétée une pièce dans la pièce. La
« représentation » œuvre souvent les *Illuminations*.
Elle révèle un espace autonome d'où s'élance un
avenir qui ne sera plus seulement « effet de légende ».
Une certaine comédie correspond pour Rimbaud à la

répétition assommante des us et coutumes du passé.
Mais, à côté des conventions usées, des scènes fati-
guées, une « atmosphère » inédite peut se créer,
donnant à voir sur un présent requalifié, un futur
magnétisé par l'utopie. C'est sans doute dans ce
contexte que s'élèvent certaines des *Villes*, les unes
encore relatives, liées à des « choses vues », Londres
ou Paris, les autres mobiles, à transformations, mues
sur des rails, suspendues à des poulies et offrant à
l'éventuel spectateur un panthéon métamorphique
digne des hallucinations de saint Antoine : Rolands et
Vénus, Mabs et Dianes brassant les désirs des vieilles
mythologies et produisant un espace imprévisible où
la prégnance de l'ancien se dissout dans une baccha-
nale, cortège de liberté et de santé « essentielles ».
   Parmi les figures mythiques et théâtrales, voici
Hélène, dont on ne sait si elle joue ou *nous* joue (de
même, dans *Une saison en enfer*, Rimbaud disait que
« l'homme *se* joue »). Peut-être n'a-t-elle que la pré-
sence de la belle Hélène d'Offenbach[29] ; peut-être
participe-t-elle de la magnificence de celle que Goethe
fait l'amante de Simon Mage. Femme d'autrefois
comme *Le Phénomène futur* rappelé par Mallarmé[30],
elle est un gage qu'en ce monde-ci peuvent émerger
« le décor et l'heure uniques ».
   Vers d'autres encore, à la limite du théâtre et du
monde vrai, se porteront les élans des poèmes en
prose, qu'il s'agisse de l'entre toutes mystérieuse H,
prénommée Hortense, ce qui n'est qu'une mince
réponse pour l'énigme qu'elle pose, ou de celles
auxquelles s'adresse *Dévotion*, femmes arcanes (quoi-
que toujours pourvues d'attributs caractéristiques) :
Louise Vanaen de Voringhem, Léonie Aubois d'Ash-
by, Lulu et quelques autres, dont l'apparition
enchante aussi fortement notre souvenir que les
adolescents qui peuplent *Les Chants de Maldoror*. Elles
appartiennent à la troupe ambulante de Rimbaud ;
elles émanent du foyer de son écriture et tiennent pour
nous des rôles analogues à ceux des femmes peintes
sur fond rouge de la Villa des Mystères à Pompéi.
Actions érotiques, pratiques d'initiation, noms

propres et signifiants purs stimulent nos obs-
cures demandes de lecteur. Nombreuses celles qui
devraient être ajoutées à leur groupe, à commencer
par la Henrika d'*Ouvriers* que le locuteur a l'ironie
d'appeler « ma femme » et qu'il congédie vite, car elle
n'est plus cette fois la révélatrice, mais celle qui, usant
les jours jusqu'à la trame, ne découvre que l'impasse
de sa jeune misère. Rassemblées dans le premier texte
d'*Enfance*, « enfantes et géantes », elles persistent
peut-être à se donner comme « sœurs de charité »,
alors que d'autres phases des *Illuminations* les élèvent
vers les hauteurs de la plénitude, d'un accomplisse-
ment dépassant de loin les contingences de l'amour
physique et de l'affection psychologique. Autant le
monde de Lautréamont auquel je me référai aupara-
vant affirme l'homosexualité de son auteur, autant
celui de Rimbaud, sous cette forme d'écriture du
moins, évite de proclamer la prééminence d'un sexe
sur l'autre. Si, plus d'une fois, l'impasse sexuelle est
pressentie, « heure du " cher corps " et " cher
cœur " »[31], la femme n'est pas pour autant évacuée ;
elle se dresse, dans sa vitalité anadyomène, c'est-à-dire
surgissant de l'écume, et son amour ne mène pas
obligatoirement à un échec. Certes, Rimbaud pressent
parfois l'énergie néfaste qui émane d'elle et, se
bornant à la caractériser par le pronom Elle (pourvu
d'une majuscule), il laisse entendre une scène d'hosti-
lité dont il serait la victime et qui l'opposerait aux
volontés de ce personnage dès lors transformé en
vampire. Autant la Grande Mère naturelle peut enve-
lopper l'enfant dans un assentiment érotique où il se
perd voluptueusement (et c'est toute la fiction d'*Aube*
où la déesse semble assouvir tous les désirs), autant
« la Vampire qui nous rend gentils » impose dans
Angoisse sa présence démonique et meurtrit le héros
par d'innombrables blessures qui disloquent son inté-
grité et le vouent à un morcellement proprement
orphique, comme si, déchiré par la fureur des
Ménades, il ne lui restait plus que la voix pour chanter
au fil d'un Hèbre tumultueux. Le parcours-passion de
Métropolitain, se déroulant selon un certain nombre de

stations allusives, aboutit, le matin, au même person-
nage de succube, « Elle », responsable d'une action
érotique dont les éclats blessent son partenaire.

Au personnel féminin des *Illuminations* qu'on ne
saurait — loin de là — placer sous l'unique signe de la
répulsion, s'ajoutent, non tant pour s'y opposer,
plusieurs figures masculines où Rimbaud semble avoir
plus nettement concentré l'absolu de son désir.
Comptent à ce titre *Antique, Being Beauteous, Génie*. Il
s'agit, dans les deux premiers textes, de l'inscription
d'un corps exceptionnel ; le « fils de Pan » porte « un
double sexe » ; l' « Être de Beauté » monte à vue
d'œil, spectral, Vision s'élevant « sur le chantier ». A
côté des femmes sublimes, Hélène, H, et, de façon
plus générale, Vénus, les êtres masculins proposent
aussi une forme d'amour sensuelle, violente, dont
Génie exprime la quintessence. Ce dernier poème
constitue bien évidemment l'un des textes-sommes
des *Illuminations*, l'un de ceux où paraissent s'être
concentrés les résultats de l'expérience. Superlatif,
tendant à l'absolu, il réserve pour notre satisfaction de
lecteur une réalisation des souhaits : « car c'est fait,
lui étant. » Comme si toutes les approximations,
recherches, études trouvaient ici leur point d'aboutis-
sement, non pas chute, mais assomption, dans un
moment qui intercepte les frontières temporelles. « Il
est l'affection et le présent. » « Il est l'affection et
l'avenir. » « Il est l'amour [...] et l'éternité. » Une fois
encore, Rimbaud retrouve l'éternité, ce qui est façon
de la donner à tous ceux qui, dès la naissance (et peut-
être *par* la naissance), l'avaient perdue. Transgressant
l'ancienne anatomie, abolissant les instruments dépas-
sés de la morale, *Génie* fournit enfin une réponse aux
hésitations d'*Une saison en enfer* et, en ce sens,
pourrait bien être postérieur aux lassitudes de ce
carnet de damné. Triomphant du christianisme, il
hausse un chant de salut au-delà des femmes et des
hommes, dans un dépassement des chairs et des sexes.
Une saison en enfer laissait entrevoir comme la nostal-
gie de la charité. Maintenant se proclame le « nouvel
amour » et règne la cruauté dont Artaud animera son

théâtre[32]. Ce n'est pas la mise en œuvre de toutes les volontés sadiques ; il est plutôt question d'une forme inconnue de rigueur, d'une sagesse barbare, précise et coupante comme du cristal, d'un regard contondant dégageant les arêtes du réel. Le Génie, où beaucoup de commentateurs ont voulu reconnaître la parfaite et la plus haute projection de Rimbaud, s'oppose consciemment aux « agenouillages anciens ». Il substitue à la charité chrétienne sa rigueur sans faille initiant au nouveau monde harmonique. Il devient évident que Rimbaud tente une redistribution des sensations et qu'à la mesure de perceptions inouïes[33] un monde se construit où nous n'aurons peut-être jamais d'autre accès que le texte. Nous pourrions dire néanmoins que, du fait qu'un esprit le conçut, il existe pleinement et que sa formation dans un poème résulte de la projection d'une très lointaine réalité qui nous échappe. Tout ce qui est pensable est-il, de ce fait, réel[34] ? La raison, la méthode, fréquemment invoquées par Rimbaud, tendraient à garantir mystérieusement la validité des extraordinaires spectacles qu'il nous offre.

L'insolite (certes médité) de cet univers nous contraint à requestionner le désir qui le détermina. Pourquoi ce monde de relations inédites, ces « incongruités monumentales », cette « incohérence harmonique »[35], ces formes supérieures, cette volonté de dépassement ? Les réponses sont nombreuses. Elles réduisent toujours cependant ce qu'a de définitivement déconcertant cet ensemble de textes qui nous sont parvenus en désordre et qui cherchent constamment le bon port de leur dispersion. Il arrive que nous croyions retrouvée la clef de leur énigme, comme Rimbaud l'Éternité ou la charité. Lui-même participe à notre perplexité, tout en la provoquant. « C'est aussi simple qu'une phrase musicale », affirme-t-il, non sans, ailleurs, nous interroger de front : « Trouvez Hortense. » Entre tous, le poème *Matinée d'ivresse* ne suggérerait-il pas un mot de passe permettant de mieux comprendre les décisions d'où procède cette cosmologie insolite ? Un mot, assurément, mais qui n'est peut-être qu'un jeu. Rimbaud décrit une « petite veille d'ivresse » où semblent proliférer toutes les magies dont ailleurs il se réclame, et le début assure « Ô *mon* Bien ! ô *mon* Beau ! ». L'exténuante recherche de la Beauté notée dans *Une saison en enfer* et la poursuite d'une éthique qui lui est implicite, *Matinée d'ivresse* se plaît à les satisfaire enfin, cependant que la formule finale résonne aussi magistralement que certaines phrases de la « Lettre du voyant » : « Voici le temps des *Assassins*. » Yves Bonnefoy croit — et nous devons être attentifs à son jugement — qu'une partie des *Illuminations* fut sans doute redevable au haschisch d'une révélation[36]. Que Rimbaud ait usé au moins une fois de cette drogue, c'est ce que nous apprend Ernest Delahaye, dans des termes qui d'ailleurs restent bien décevants, car Rimbaud n'aurait retiré d'une telle expérience qu'un fort mal de tête et des visions géométriques sans intérêt. Pourquoi valoriser en ce cas « le temps des *Assassins* » ? Il est probable que la drogue ne fut pas toujours aussi avare de ses merveilles pour son usager et qu'elle lui découvrit plus objectivement l'univers de confusion des sens qu'il avait déjà pressenti en 1871. Je ne pense pas toutefois qu'il ait fondé sur elle une poétique, et je vois sa percée du réel trop aiguë, trop profonde pour n'avoir atteint que la seule couche des hallucinations. C'est, au demeurant, contre quoi il se révolta : cet autre réel magique, mais faillible, cette couche de strass qui à elle seule ne saurait former un nouvel univers[37]. Et il proclame parfois en termes si forts la mue du réel, il revendique un tel « fait, étant » que nous sentons dépassé par lui tout recours trop simple à l'onirisme comme aux faussetés des stupéfiants. Mais le haschisch lui permit sans doute d'y voir plus clair du côté de ses volontés mutatrices et lui fournit comme un échantillon temporaire de ce que, par ailleurs, il devinait comme réalité appelée par le texte et convoitée par les sens.

***
**

Le meilleur de Rimbaud — du moins, notre époque
en juge-t-elle ainsi — nous fut donné par ces textes
insolites et fabuleux, toutes qualifications qui demeu-
rent bien en deçà de ce qu'il faudrait en dire et qui
peut-être ne sera jamais dit. J'ai refusé, pour les
aborder, de céder à plusieurs pentes auxquelles
s'abandonnèrent certains poètes ou commentateurs,
les uns et les autres pour des raisons différentes, on
s'en doute. Pour quelques poètes, en effet, les *Illumi-
nations* furent l'objet d'une admiration et d'une
« dévotion » telles qu'ils ont vite considéré qu'une
sorte de profanation naîtrait à vouloir les commen-
ter[38]. A leur avis, il était nécessaire de les ressentir,
sans davantage les expliquer, tout effort critique pour
approcher le texte risquant de le détruire et surtout de
l'obscurcir. Au nom d'une telle surestimation « reli-
gieuse », ils tendaient ainsi à préserver non seulement
l'œuvre de Rimbaud, mais la leur, destinée à briller de
sa seule clarté, en son zénith optimal. D'autre part, de
récents exégètes n'ont pas hésité, à la suite de travaux
stylistiques, scrupuleux du reste, à conclure que le
sens des *Illuminations* était « de n'en point avoir, ou,
plus exactement, de rendre problématique sa
construction[39] ». Cinquante-quatre poèmes pour
adresser un défi au sens, nous pourrions admettre par
sympathie un tel tour de force négatif, mais il paraît
bien plutôt que Rimbaud nous a transmis là des
machines à faire du sens et non pas à l'exterminer, et
qu'au-delà (ou à travers) se lit une résolution fonda-
mentale, de la plus vaste envergure, qu'il ne servirait à
rien de nier, sauf à défier par un positivisme scientiste
ce qu'il faut bien appeler la spiritualité ou, du moins,
la pensée de Rimbaud. Le même interprète refusant
aux *Illuminations* d'avoir du sens conclut paradoxale-
ment son article en lisant *Vies I* au filtre d'un regard
justifiant ce qu'il vient de dire[40]. Ce poème de
Rimbaud aurait donc un sens. Et ce sens indiquerait
au lecteur qu'il ne faut en voir aucun. On devine dans

quelles impasses on risque vite de se trouver enfermé. Il ressort plus nettement de la lecture des *Illuminations* qu'elles mettent en déroute en certains points stratégiquement calculés notre besoin de signification sans l'oblitérer pour autant — et c'est assurément ces éclipses, ces doutes auxquels elles nous confrontent qu'il convient d'observer, non sans constater qu'une parole se dit là (nommons-la aussi écriture) et que très évidemment elle ne se borne pas à fabriquer pour nous des textes problématiques et seulement à l'écoute des procédures scripturales qu'ils utilisent. La manière de ces poèmes révèle, en effet, un dessein secret, mais suffisamment net pour que son occultation nous renvoie à son vœu d'apparaître, fût-ce par ce que j'appellerai une « dissimulation révélante ».

Rédigées sans doute à des périodes différentes (mais le temps qui sépare les dernières des premières ne saurait être long), les *Illuminations* portent la trace d'un double régime d'écriture. Créatrices, mues par une volonté transformatrice, elles témoignent en même temps des difficultés de l'entreprise. Viables, elles portent encore les lambeaux amniotiques de leur genèse. Parfois, néanmoins, la tentative arrive sur des sommets. Elle tient « le pas gagné ». Plus souvent, ce qui n'est *pas gagné* l'emporte — et sans doute d'abord en raison de l'extraordinaire solitude que connaissait alors Rimbaud. L'illusoire, le réel, le textuel entrent en rivalité dans ce qu'il dit, en raison même de l'excès de son aventure qui n'use de la parole, du style qu'à d'autres fins, lesquelles ne sauraient être obtenues que par les voies de la mystique, voire, plus matériellement, de l'action.

Ce qu'il est convenu d'appeler « le silence de Rimbaud » (l'absence de textes après 1875, hormis des lettres à fin commerciale ou d'ordre strictement privé) n'a sans doute pas d'autre cause que sa lucidité et sa désillusion au vu de la place marginale qu'il occupait et des faibles pouvoirs de la littérature. Le silence s'établit d'autant plus fermement, comme un mur qui ne sera jamais rompu, que la parole avait été perçue comme magique, changeant les mesures d'ici-bas. Tout comme *Une saison en enfer*, les *Illuminations* contiennent le germe négatif[41] du silence. Elles supposent que tout ne peut se dire. Quiconque défriche le présent de l'indicible devine quels obstacles l'attendent. D'où, assurément, les emportements du style, cette impatience à saisir comme à transmettre : phrases nominales, autorité du déictique, énumérations affichant l'inventaire de l'immédiat, tout cela traduit une hâte, comme si Rimbaud n'avait plus le temps[42]. Le lecteur sent proche le désastre, et l'écriture proférée à l'instant où la bouche va se refermer. Nul, à vrai dire, ne pouvait prévoir le silence qui survint ensuite comme la vérification du risque encouru. La poésie de Rimbaud en reçut un complément, et, pour tout dire, une signature. Coupant court, pour toutes les raisons que l'œuvre sécrète et accumule, Rimbaud s'est comme innocenté. Nuisible devient la poésie quand, se multipliant dans des redites et captive d'un surmoi narcissique, elle bâillonne *son* poète dans les mailles d'un métier qui n'est plus que savoir-faire. Chez Rimbaud, il y eut urgence, geste juste, comme ceux des calligraphes zen. Et sa rage à tout quitter, même si elle tendait à jeter un discrédit sur la poésie, donc à renvoyer dos à dos écrivains et critiques, s'entend moins comme un dédain que comme l'impossibilité atteinte. Pour être touché, l'impossible n'est pas détruit pour autant. Il continue d'affirmer une présence dont l'art agite les enseignes. Aurions-nous préféré Rimbaud persévérant à se faire lire ? Nous le voyons, au contraire, prendre un chemin d'aventurier. Quelques-uns s'en délectent. Comme si la traversée du désert somali était une odyssée plus surprenante que la poésie !

Si le Rimbaud abyssin a tiré désormais un trait sur la littérature, il n'en reste pas moins, à ses heures, quelqu'un qui écrit. C'est ainsi qu'en janvier 1882, il songe à « composer un ouvrage sur le Harar et les

Gallas » et à le « soumettre à la Société de Géographie[43] ». Il souhaiterait d'ailleurs l'illustrer de photographies qu'il prendrait lui-même et de cartes également dressées par lui. Ce *Rapport sur l'Ogadine* sera publié dans les *Comptes rendus des séances*[44] de la Société ; mais il n'a rien d'un livre et la sécheresse du style ne le distingue pas des articles rédigés par les explorateurs de ce temps. Rimbaud semble se faire un devoir de décrire les paysages de ces contrées lointaines et les coutumes de leurs peuples. Il n'a d'autre ambition que de fournir des informations parfaitement objectives. Le même dessein lui fera confier en août 1887 au *Bosphore égyptien*[45], journal du Caire en langue française, des notes sur son expédition au Choa. Aucune phrase toutefois pour laisser entendre le timbre, même affaibli, du poète d'autrefois. A chaque genre ses règles ! De son passé d'inventeur de langage, Rimbaud ne supportait pas même la plus légère évocation. « Tout cela n'était que des rinçures[46] », confiera-t-il un jour à César Tian, son dernier employeur.

Il est certain que ce Rimbaud ne nous étonne que comme un étrange vivant, enferré dans une destinée « martyrique » à laquelle il ne lui vint pas même à l'esprit de se dérober. Voulut-il se *racheter* ? Plusieurs lettres le donneraient à entendre. Mais comme il fallait que la courbe de cette vie fût juste et accomplie, loisir ne nous aura pas été accordé de le voir piètre bourgeois « retour des pays chauds », à l'ancre à Charleville, avec femme et enfants. Dans son corps se frayait, comme la mort, une voie de solitude intacte ; et sur son œuvre veillait une décision, jamais battue en brèche, celle de n'y pas revenir. Le tout forme une perfection. Littérature et vie coordonnent leurs traits. Les souffrances finales ajoutent (presque malgré tout !) une couleur sacrificielle à l'achèvement contre lequel pourtant il se rebellait. La solitude la plus défaite devient un exemple (parce qu'elle est sans exemple). Avec celui-là fut tirée *l'épreuve*, où ne se lit plus le stupide visage du lieu commun (ce que pensait Baudelaire de la photographie[47]), mais l'énergie, à peu de choses près souveraine, qui porte l'homme au faîte de son désir et le projette plus loin que toute ligne d'horizon, « étincelle d'or de la lumière *nature* ».

Jean-Luc Steinmetz

NOTES DE LA PRÉFACE

1. Claudel : « C'est ici que Rimbaud a voulu s'arrêter sur la route de Dieu dans une espèce d'attente suspicieuse » (préface à l'édition des *Œuvres* de Rimbaud établie par Paterne Berrichon, Mercure de France, 1912). Pour Étiemble, *Une saison en enfer* analyse dans « Alchimie du verbe » les causes de l'échec métaphysique que représenteraient les *Illuminations*. Voir Étiemble et Y. Gauclère, *Rimbaud*, Gallimard, coll. Les Essais, nouv. éd., 1950, p. 244-261.

2. Henry de Bouillane de Lacoste, *Rimbaud et le problème des Illuminations*, Mercure de France, 1949, et l'édition critique qui en résulta, *Illuminations. Painted Plates*, Mercure de France, 1949.

3. Lettre de Verlaine à Edmond Lepelletier du 10 novembre 1872, *Correspondance*, Messein, 1922, t. I, p. 66.

4. Voir André Guyaux, *Poétique du fragment*, Neuchâtel, éd. de La Baconnière, 1985, p. 109-134.

5. Voir les rapprochements faits par Jean-Pierre Giusto dans *Rimbaud créateur*, PUF, 1980, p. 354-357. On retiendra la remarque d'André Guyaux : « Non seulement *Alchimie du verbe* est exempt de citation de poèmes en prose, parce qu'il n'est pas question de mêler à ce reniement des textes qui restent en attente, mais encore, Rimbaud prend soin qu'aucun reflet précis de l'inspiration liée spécifiquement aux poèmes en prose n'apparaisse à la lecture de son autocritique. » « Alchimie du vers, anachronie du verbe » dans *L'Information littéraire*, janvier-février 1984, p. 20.

6. Maurice Blanchot, « Rimbaud et l'œuvre finale » dans *La Nouvelle Revue française*, août 1961, p. 300-301 (étude reprise dans *L'Entretien infini*, Gallimard, 1969).

7. Voir l'ouvrage de V. P. Underwood, *Rimbaud et l'Angleterre*, Nizet, 1976.

8. Félix Fénéon donnera dans *Le Symboliste* (7 octobre 1886) quelques pages éclairantes sur ces poèmes et les conclura ainsi : « Œuvre enfin hors de toute littérature, et probablement supérieure à toute. »

9. « Amitiés à Cabaner : ses musiques, les eaux-fortes, un tas de chinoiseries (pardon, japonismes, et les illuminécheunes, donc !) per postas payantes " papa ". » Correspondance de Verlaine dans

Œuvres complètes, Club du meilleur livre, 1959, t. I, p. 1143. Lettre du 27 octobre 1878.

10. Voir Jean-Luc Steinmetz, « La lanterne magique de Rimbaud » dans *Parade sauvage*, 1987, p. 97-108. Je dois au livre de Max Milner, *La Fantasmagorie*, PUF, coll. « PUF Écriture », 1984, d'avoir réfléchi à ce problème en ces termes.

11. Suzanne Bernard, *Le Poème en prose de Baudelaire jusqu'à nos jours*, Nizet, 1959.

12. Sur ce théâtre, voir L. V. Flamand, *Le Théâtre de Séraphin ou les ombres chinoises*, Paris, Constat, 1806.

13. « Le théâtre de Séraphin » : ainsi s'intitule la troisième partie du *Poème du hachisch*, 1re publication dans la *Revue contemporaine*, 30 septembre 1858. *Les Paradis artificiels*, d'abord publiés confidentiellement en 1860, seront repris au tome IV des *Œuvres complètes* publiées par Michel Lévy (1869). L'essai d'Antonin Artaud, « Le Théâtre de Séraphin », qui insiste sur « la magie de vivre », fut écrit en 1936, mais publié seulement en 1948. Il a été repris dans le quatrième tome des *Œuvres complètes* (Gallimard, 1964, p. 175-182).

14. Baudelaire évoque, dans l'introduction dédiée à Arsène Houssaye, « le miracle d'une prose poétique, musicale sans rythme et sans rime, assez souple et assez heurtée pour s'adapter aux mouvements lyriques de l'âme [...] ». En revanche, Verlaine, essayant de trouver un équivalent matériel de la prose des *Illuminations*, parlera de « flamme et cristal, fleuves et fleurs et grandes voix de bronze et d'or », recourant ainsi plutôt aux analogies minérales (« Arthur Rimbaud, 1884 » dans *Les Hommes d'aujourd'hui*, 1888).

15. Sur la lanterne magique et son histoire, voir *Magie lumineuse*, Jac et Pascale Remise, Balland, 1979, et *Mémoires de l'ombre et du son* (J. Perriault), Flammarion, 1981.

16. Verlaine avait alors écrit quelques poèmes en prose, publiés dans *La Parodie* en janvier 1870 (repris en 1886 dans *Mémoires d'un veuf*). Il s'agissait de : *Éloge des Fleurs artificielles*, *Les Estampes*, *L'Hystérique*.

17. Voir *L'Absolu littéraire*, trad. Ph. Lacoue-Labarthe et J.-L. Nancy, éd. du Seuil, coll. « Poétique », 1978.

18. André Guyaux dans son livre *Poétique du fragment, op. cit.*, concernant les *Illuminations*, a soutenu la thèse d'un passage du poème en prose, découvert de bonne heure par Rimbaud (*Les Déserts de l'amour*), au fragment pur : « Les *Illuminations* sont une performance d'inachèvement. L'ouverture, ou plutôt la non-clôture de l'œuvre, apparaît dans chaque texte, aussi délimité pourtant qu'une fable ou un sonnet [...] » (p. 189).

19. On sait néanmoins que la première publication dans *La Vogue* mêlait parfois proses et vers (les « Vers nouveaux » que nous avons donnés dans notre deuxième volume). Verlaine les présentant en 1886 les définit comme « prose exquise ou vers délicieusement faux exprès ». Cependant, avant que fût retrouvée cette liasse composite, il avait bien souvenir (en 1884, dans ses *Poètes maudits*) de « superbes fragments » « en prose ». Assez vite, sera fait le choix entre vers et proses (à partir de 1912) selon une logique qui n'exclut d'ailleurs pas tout à fait la composition simultanée de pièces en vers

et de poèmes en prose, bien qu'*Alchimie du verbe* semble condamner radicalement les premières et prendre soin de ne pas citer les seconds.

20. C'est ainsi que, pour des raisons à la fois graphologiques et thématiques, André Guyaux, dans son édition critique des *Illuminations*, a bouleversé l'ordre traditionnel de cette publication, en faisant apparaître des séries, volonté de cohérence remise en cause ensuite par Rimbaud, au nom d'une visée esthétique différente (le fragment) et d'une pratique de l'inachèvement (de l'ouvert). Au nom des textes seuls et des séries faussement anamnésiques que plusieurs constituent, j'ai tenté de réfléchir sur un ensemble qualifiable, à défaut de plus grandes précisions, d'*existentiel*.

21. Michael Riffaterre a donné un bon exemple d'une lecture moderne et lucide, qui n'élimine pas les « poussées de sens » que subit le texte. « Sur la sémiotique de l'obscurité en poésie : *Promontoire* de Rimbaud », dans *The French Review*, avril 1982, p. 625-632. « L'obscurité est moins un obstacle, un bloc à l'interprétation, qu'un ralentissement imposé au lecteur le temps de relire le passage difficile d'un autre point de vue […]. »

22. Voir de Jean-Marie Gleize le chapitre « La mise en mouvement » de son livre *Poésie et Figuration*, éd. du Seuil, coll. « Pierres vives », 1983.

23. « De la langue et de l'écriture, prises comme opérations magiques, sorcellerie évocatoire », *Fusées*, XI dans Baudelaire, *Œuvres complètes*, Bibliothèque de la Pléiade, 1975, t. I, p. 658. La même expression « sorcellerie évocatoire » se trouve dans *Le Poème du hachisch*.

24. Cette refonte du corps, ce change de ce qui a nom d'être, Artaud les aura tentés par tout moyen, du théâtre de la cruauté jusqu'à *Pour en finir avec le jugement de Dieu*, d'abord émission radiophonique interdite en 1948. « L'homme est malade parce qu'il est mal construit. »

25. L'illusion référentielle est un stade obligatoire de la lecture, d'autant plus tenace que fort est le mythe. Plusieurs notes de cette édition la désignent, souvent pour l'évacuer. Il faut surtout penser que Rimbaud se sert de la référence et du tuf socio-historique ou géographique pour une fabrication autonome et la projection d'une pensée. Rimbaud énergétise.

26. Le mouvement d'*Après le Déluge* caractérise un certain nombre des *Illuminations*. Le dégoût devant la reproduction des systèmes de production provoque une révolte qui n'est sans doute pas étrangère aux amers lendemains de la Commune. Il reste à mesurer ce que Rimbaud dut à l'assidue fréquentation des Communards exilés tant à Bruxelles qu'à Londres. Il existe dans les « Vers nouveaux » (*Qu'est-ce pour nous, mon cœur...*) comme dans les *Illuminations* plusieurs poèmes d'une extrême violence qui partent en guerre contre ce monde-ci et semblent répondre à un idéal libertaire absolu. Citons *Départ, A une Raison, Angoisse, Barbare, Guerre, Soir historique, Démocratie*.

27. Comme l'avait fait Nerval dès 1841, semble-t-il, dans certains sonnets qualifiés plus tard par lui de « supernaturalistes ». Voir les

sonnets du manuscrit Dumesnil de Gramont, *Œuvres complètes*, Bibliothèque de la Pléiade, 1989, t. I, p. 732-735, et la présentation que nous en avons faite, p. 1764-1767.

28. Lors de ses séjours parisiens en 1871-1872, Rimbaud avait fréquenté les salles de théâtre. On sait, par exemple, que le 15 novembre 1871 il assista, en compagnie de Verlaine, à la première du *Bois,* une idylle en un acte d'Albert Glatigny. Pour le détail des représentations vues par Rimbaud et Verlaine en Angleterre, on se reportera au deuxième volume de notre édition.

29. *La Belle Hélène* d'Offenbach (1864) avait atteint la sept centième représentation.

30. *Le Phénomène futur* de Mallarmé, quoique écrit en 1864, ne parut que le 20 décembre 1875 dans *La République des Lettres.* On y voit une « Femme d'autrefois » montrée aux misérables hommes d'aujourd'hui.

31. Cette expression, sans doute reprise de l'œuvre de Baudelaire, termine le premier texte d'*Enfance.*

32. « Nouvel amour » et « cruauté » ne se contredisent pas. La nouveauté des relations humaines serait ainsi obtenue grâce à une exigence particulière, voire une logique (comme existe une méthode chez Isidore Ducasse). Rappelons le sens du mot cruauté tel que l'entendait Artaud : « J'emploie le mot de cruauté dans le sens d'appétit de vie, de rigueur cosmique et de nécessité implacable, dans le sens gnostique de tourbillon de vie qui désire les ténèbres, dans le sens de cette douleur hors de la nécessité inéluctable de laquelle la vie ne saurait s'exercer. » (« Lettres sur la cruauté », deuxième lettre, recueillies dans *Le Théâtre et son double*).

33. Sur l'approche sensible du monde rimbaldien, on lira l'étude de Jean-Pierre Richard, « Rimbaud ou la poésie du devenir » dans *Poésie et profondeur,* éd. du Seuil, coll. « Pierres vives », 1955.

34. On a reconnu ici la pensée de Hegel. Rappelons cependant — comme osa le faire Breton en 1933 dans l'introduction aux *Contes bizarres* d'Achim von Arnim — « l'erreur grandiose de Fichte [...] » qui consista dans le fait de croire à « l'attribution *par la pensée* de l'être (de l'objectivité) à la sensation étendue dans l'espace ». La possibilité même des *Illuminations* donne à voir la réalité d'un monde parallèle.

35. « R[*imbaud*] a inventé ou découvert la puissance de " l'incohérence harmonique ". » Lettre de Paul Valéry à Jean-Marie Carré (1943) dans *Lettres à quelques-uns*, Gallimard, 1952, p. 240.

36. Voir Yves Bonnefoy, *Rimbaud,* éd. du Seuil, 1961, p. 156-165.

37. Si *Alchimie du verbe* rejette les hallucinations qu'illustrent (plus ou moins) les « Vers nouveaux », certaines pièces des *Illuminations* prononcent le même discrédit : « Tu en es encore à la tentation d'Antoine » (*Jeunesse*, IV), tout en annonçant une nouvelle quête harmonique plus efficiente.

38. On consultera à ce propos les textes recueillis par Roger Munier dans l'opuscule « *aujourd'hui, Rimbaud...* », Minard, Archives des Lettres modernes, n° 160, 1976.

39. Tzvetan Todorov, « Les " Illuminations " », dans *Poétique,*

avril 1978, repris dans *Les Genres du discours*, éd. du Seuil, puis *La Notion de littérature*, éd. du Seuil, coll. « Points », 1987 (édition à laquelle je me réfère). Ici, p. 160.

40. C'est ainsi que Todorov comprend parfaitement les deux phrases qu'il cite en épigraphe : « Ma sagesse est aussi dédaignée que le chaos. Qu'est le néant auprès de la stupeur qui vous attend ? » et qu'il les explique, adaptées à son propos, en fin d'article. Aux critiques (évhémériste, étiologique, ésotérique, paradigmatique) qu'il dénombre pour avoir vainement tenté de cerner la signification du secret rimbaldien, pourrait être ajoutée la sienne, qualifiable de « matériologique » en ce qu'elle tient uniquement compte de la matière du texte. Sur le caractère insuffisant d'une telle lecture, voir Michael Riffaterre, « Interpretation and Undecidability » (*New Literary History*, 1981, p. 227-242), estimant que dans la semiosis littéraire deux lectures sont nécessaires, la première faisant paraître le texte comme indécidable à certains endroits, la seconde permettant d'interpréter correctement le signe en question. La signification intertextuelle résout en ce cas, la plupart du temps, l'indécidabilité. T. Todorov a justifié ses positions dans un article plus récent, « Remarques sur l'obscurité » (*Rimbaud, le poème en prose et la traduction poétique*, recueil collectif édité par Sergio Sacchi, Gunter Narr, Tübingen, 1988, p. 11-17), dont la conclusion est claire : « Je me demande si les *Illuminations* (ou au moins certaines d'entre elles, ou certaines de leurs phrases) ne représentent pas un cas limite où le meilleur hommage de l'interprète consisterait à se taire. »

41. Voir Maurice Blanchot, « Rimbaud et l'œuvre finale », *art. cit.*

42. « Le génie impatient », a dit de lui Henri Mondor, et Mallarmé a parlé à son propos de l'éclat d'un météore. Philippe Jaccottet, relisant les *Illuminations*, y a perçu « la hâte violente d'un torrent » (*Autres journées*, Fata morgana, 1987, p. 73) ; Saint-John Perse en a retenu « la fulgurance durable » (préface aux *Poésies* de Léon-Paul Fargue, Gallimard, 1963, p. 19).

43. Lettre à Ernest Delahaye du 18 janvier 1882. Voir *Œuvres complètes* de Rimbaud, Bibliothèque de la Pléiade, 1972, p. 341-343.

44. Rapport publié le 1er février 1884. Un premier état en avait été composé par Sotiro, employé de Rimbaud. Rimbaud l'avait revu et complété. Voir Alfred Bardey, *Barr Adjam. Souvenirs d'Afrique orientale* (1880-1887), CNRS, 1981.

45. Publié dans *Le Bosphore égyptien* du 25 et 27 août 1887.

46. Voir André Tian, « A propos de Rimbaud », *Mercure de France*, 1er octobre 1954.

47. « A partir de ce moment *[l'invention de la photographie]*, la société immonde se rua, comme un seul Narcisse, pour contempler sa triviale image sur le métal. » *Salon de 1859 (II. Le Public moderne et la photographie)*, repris dans *Curiosités esthétiques*, Michel Lévy frères, 1868.

AVERTISSEMENT

Comme nous l'avons expliqué dans la préface, nous n'avons pas modifié l'ordre de publication traditionnel des *Illuminations*. En plusieurs occasions, toutefois, nous avons recouru aux leçons présentées par l'édition d'André Guyaux (La Baconnière, 1985). En tous les cas, notre établissement du texte s'est fondé sur la lecture des manuscrits, quand ceux-ci étaient consultables (comme tous les éditeurs, nous n'avons donc pu voir ceux de la collection P. Berès).

En notes, la provenance des textes est mentionnée. Elle renvoie le plus souvent aux deux grands ensembles qui appartiennent au Département des Manuscrits (Ms.) de la Bibliothèque nationale (notée B.N.). L'abréviation *n.a.fr.* désigne les nouvelles acquisitions françaises de ce Département ; f° signifie feuillet ; le foliotage n'est pas dû à Rimbaud ; il fut établi par l'un des premiers éditeurs des *Illuminations*.

Si, dans les notes, nous avons signalé les principaux commentaires, nous ne les avons pas analysés, sauf quand ils présentaient une information capitale. Le nôtre s'est développé selon ses propres convictions qui ne recoupent pas nécessairement celles du plus grand nombre.

Précisons encore que ce volume et le précédent (*Une saison en enfer*) se complètent et réclament un jeu de lecture tour à tour séparant ou rapprochant des mots, des formes, des silences.

ILLUMINATIONS

NOTICE

Les Illuminations *demeure la plus questionnée des œuvres de Rimbaud, sans doute en raison des énigmes qu'elle pose. Elle eut une destinée aux prolongements multiples et parfois imprévisibles. Grande est la séduction de ce qui expose ainsi les enseignes du secret et feint en même temps de se jouer de toute profondeur, de tout « délire d'interprétation*[1] *».*

L'interprétation semble cependant avoir été au principe même de la répartition de ces poèmes en prose dont la datation et la ligne directrice — si tant est qu'elle existe — restent sujettes à caution. Avec raison on a pu parler de l'irritante question qu'ils soulèvent. Qu'ils soient antérieurs à Une saison en enfer, *ou postérieurs (comme le croient, depuis Bouillane de Lacoste, bon nombre de critiques actuels), ou bien encore qu'ils aient été rédigés à la même époque que la* Saison *(et, pour partie, certains avant, certains après), ils offrent au lecteur matière à divers regroupements qu'un rien, à vrai dire, suffit à remettre en cause. Quoique séduit par l'édition proposée par André Guyaux, qui considère qu'une partie plus ancienne est formée de textes à résonance autobiographique et, surtout, chiffrés par séries, nous avons préféré conserver l'ordre de publication traditionnel qui fournit une base indispensable. Cet ordre (ce désordre) ne correspond certes pas à une première sélection tentée par Rimbaud ; il est le fait de Félix Fénéon, le premier éditeur de la liasse des* Illuminations *que lui avait transmise Gustave Kahn. Il serait vain d'ailleurs de croire que ces feuillets constituaient un livre complet. L'ensemble reste ouvert, offert au battement (en 1939, Fénéon parlera d'un « jeu de cartes [2] »), à la pulsation de diverses lectures. Issues de désirs et de visées intenses, les* coloured plates *(sous-titre assuré par Verlaine) [3] postulent, selon toute vraisemblance, un « point de vue », un « angle de vision » qu'il sied à chacun de prendre mentalement. Le principe d'hallucination, des choses comme des mots, qui, selon Rimbaud, expliquait ses poèmes de 1872, continue de l'emporter ici.*

Nous avons rappelé dans la préface p. 12 le sens que nous accordons au titre Illuminations *que jamais, du reste, à notre connaissance Rimbaud n'écrivit. Il nous paraît surtout utile de dire ici comment cette œuvre nous parvint — ce qui ne va pas sans obscurités réelles. Fin février-début mars 1875, Verlaine reçut à Stuttgart des mains de Rimbaud un ensemble de textes qu'il reconnaîtra par la suite être ceux des* Illuminations. *Il précisera, en effet, dans son article des* Hommes d'aujourd'hui *(1888) consacré à Rimbaud, que celui-ci transmit le manuscrit de ces textes « à quelqu'un qui en eut soin » (comprendre Verlaine lui-même); dans une lettre datée du 1er mai 1875 il demandait à Delahaye des renseignements sur Germain Nouveau en précisant déjà : « Rimbaud m'ayant prié d'envoyer pour être imprimés des " poèmes en prose " siens, que j'avais ; à ce même Nouveau alors à Bruxelles (je parle d'il y a deux mois), j'ai envoyé (2,75 F de port !!!) illico [...] [4]. » Verlaine aurait donc fait son envoi en mars 1875, peu après avoir vu Rimbaud pour la dernière fois. Des* Illuminations, *on ne trouve trace ensuite qu'en 1878. Elles sont alors mystérieusement passées entre les mains de Charles de Sivry, demi-frère de Mathilde Mauté, l'ex-Madame Verlaine, et ami de Verlaine lui-même [5]. Verlaine, en effet, dans une lettre du 8 août 1878, lui écrit : « Avoir lu* Illuminations (painted plates) *du sieur que tu sais [...]. Te le rapporterai en octobre. » Or, le 27 octobre de la même année, il semble réclamer pour une nouvelle lecture le manuscrit à Sivry, mais celui-ci, en dépit de demandes réitérées les années suivantes, ne les lui confiera plus, si bien qu'en 1883 Verlaine, dans l'article qu'il publie sur Rimbaud dans* Lutèce, *se borne à dire : « [...] de superbes fragments,* *les* Illuminations, *à tout jamais perdus, nous le craignons bien* [6]. » *Cependant, Sivry, après le divorce officiel de sa demi-sœur et de Verlaine, transmettra les* Illuminations *(qu'il n'avait donc pas égarées) à un jeune poète, Louis Le Cardonnel* [7], *également ami de Verlaine. Le Cardonnel, souhaitant entrer au séminaire d'Issy, les remettra, non pas à Verlaine, mais à Louis Fière qui, à son tour, les communiquera à Gustave Kahn, le directeur de* La Vogue, *revue symboliste. Félix Fénéon sera chargé par G. Kahn de l'édition de ces textes (poèmes en prose et poèmes en vers) qui vont paraître (parfois mêlés) dans les* n°s 5 (13 mai 1886), 6 (29 mai), 8 (13 juin) et 9 (21 juin), le n° 7 (du 7 juin) contenant uniquement des textes en vers (voir « Vers nouveaux »). Après le n° 9, la publication des Illuminations s'interrompt, pour ne plus reprendre. Fin 1886, les textes précédemment parus dans* La Vogue *seront imprimés sous forme de plaquette — et selon un ordre différent — aux éditions de la revue, accompagnés d'une notice de Verlaine, assurant que ce livre « fut écrit de 1873 à 1875, parmi des voyages tant en Belgique qu'en Angleterre et dans toute l'Allemagne ».*

Félix Fénéon, dans une lettre à Bouillane de Lacoste en 1939, a décrit, d'après ses souvenirs, l'état dans lequel lui parvinrent les Illuminations : « *Les feuillets, réglés, étaient dans une couverture de cahier, mais volants et paginés.* » *Dès 1886, appelé à expliquer les principes de son édition, il avait indiqué dans* Le Symboliste *(7-14 octobre) :* « *Les feuillets, les chiffons volants de M. Rimbaud, on a tenté de les distribuer dans un ordre logique.* » *Cet ordre fut cependant modifié par lui-même à quelques mois d'intervalle et la plaquette, où les poèmes en vers sont plus nettement distingués des poèmes en prose, tente une interprétation implicite de l'ensemble — comme Fénéon lui-même l'a d'ailleurs précisé dans le même article. On y voit donc, plus ou moins rassemblés, les poèmes de la révolution cosmique, puis des villes monstrueuses, enfin ceux qui montrent un individu plein d'«* exaltations passionnelles *», parfois «* déviées en érotismes suraigus *». Comme la plupart des éditeurs, nous avons adopté l'ordre de la première publication (en revue), tout en éliminant, pour des raisons formelles qui peuvent être contestées, les* *poèmes en vers auxquels les poèmes en prose étaient mêlés (voir, dans le deuxième volume, « Vers nouveaux »); comme la plupart des éditeurs également, nous avons ajouté à l'ensemble de* La Vogue *les poèmes en prose par la suite découverts et publiés pour la première fois dans les* Poésies complètes *(Vanier, 1895).*

*Vingt-quatre feuillets du « cahier de feuilles volantes » contenant les poèmes en prose qui vont d'*Après le déluge *à* Barbare, *après être passés entre les mains de divers collectionneurs, dont* Ronald Davis *et le* Dr Lucien-Graux, *ont été acquis en 1957 par la Bibliothèque nationale (cote n.a.fr. 14123). Un autre lot de quatre feuillets, comprenant* Solde, Fairy, Jeunesse-I-Dimanche, Guerre, *a été acquis plus récemment, par la Bibliothèque nationale également (cote n.a.fr. 14124). D'autres feuillets furent dispersés au hasard des ventes. C'est ainsi que les textes présumés II (Sonnet), III (Vingt ans) et IV de* Jeunesse *se trouvent en Suisse à Cologny, à la Fondation Bodmer. Enfin, appartiennent à la collection* Pierre Berès Scènes, Bottom, H, Soir historique, Mouvement *et* Génie, *et à la Bibliothèque municipale de* Charleville Promontoire. *Les textes* Dévotion *et* Démocratie *sont perdus ou dans des collections privées qu'on ignore.*

Les Illuminations *ont donné lieu à plusieurs éditions critiques notoires, et d'abord à celle de Henry de Bouillane de Lacoste, publiée aux éditions du Mercure de France en 1949 et qui devait faire date. Elle proposait une suite logique à la thèse du même auteur,* Rimbaud et le problème des Illuminations *(Mercure de France, 1949), recourant abondamment à l'analyse graphologique pour comprendre les divers temps de composition des textes (qui, malheureusement, sont tous des copies !). L'édition donnée par Mario Matucci, traduction italienne et commentaires, est précieuse par la qualité de l'approche littéraire et la nouveauté de l'exégèse (Florence, Sansoni, 1952). Parmi de récentes éditions, on retiendra celle d'Albert Py (Droz-Minard, 1967), de Nick Osmond (University of London, The Athlone Press, « Athlone French Poets », 1976). Enfin, dernière en date et travail remarquable, sinon définitif sur certains points, l'édition critique établie par*

*André Guyaux (La Baconnière, 1985) contenant la
reproduction photographique de la plupart des textes. Elle
s'appuie sur le commentaire philologique et l'analyse
matérielle du manuscrit et vérifie les hypothèses formulées
sur les* Illuminations *dans l'ouvrage du même auteur,*
Poétique du fragment *(La Baconnière, 1986).*

*Nombreuses furent ces dernières années les réflexions
critiques portant sur cet ensemble. Beaucoup sont indiquées
en note. Nous rappellerons ici les plus suggestives :*

Antoine ADAM, « L'énigme des Illuminations »,
    Revue des Sciences humaines, octobre-décembre
    1950, p. 221-245.
Jean-Louis BAUDRY, « Le texte de Rimbaud », *Tel
    Quel,* n°s 35 et 36, 1968-1969.
Olivier BIVORT et André GUYAUX, *Bibliographie des*
    Illuminations, Paris-Genève, Champion-Slatkine,
    1991.
Pierre BRUNEL, « La poétique du récit mythique dans
    les *Illuminations* », *Versants* n° 4, 1983 (La Bacon-
    nière) et « La raison dans l'œuvre de Rimbaud »
    dans *L'Esprit nouveau dans tous ses états,* collectif,
    hommage à Michel Décaudin, Minard, 1986, p. 85-
    94.
Charles CHADWICK, « La date des *Illuminations* »,
    article repris dans *Études sur Rimbaud,* Nizet, 1960,
    p. 74-132.
Bruno CLAISSE, *Rimbaud ou le « dégagement rêvé »,*
    Charleville-Mézières, Musée-Bibliothèque Rim-
    baud, coll. « Bibliothèque sauvage », 1990.
Marc EIGELDINGER, « L'intertextualité mythique
    dans les *Illuminations* », repris dans l'ouvrage du
    même auteur *Mythologie et intertextualité,* Genève,
    Slatkine, 1987, p. 211-229, et « L'Apocalypse dans
    les *Illuminations* » dans la *Revue d'Histoire littéraire
    de la France,* mars-avril 1987, p. 182-190.
Antoine FONGARO, « Les échos verlainiens chez Rim-
    baud et le problème des *Illuminations* », *Revue des
    Sciences humaines,* avril-juin 1962.

Michel RIFFATERRE, « Interpretation and Undecidability » dans *New Literary History*, 1981, p. 227-242.

Collectif éd. par Sergio SACCHI, *Rimbaud, Le Poème en prose et la traduction poétique*, Tübingen, Gunter Narr, 1988, 222 pages.

Jean-Luc STEINMETZ, « Rimbaud anabiographe » et « La lanterne magique d'Arthur Rimbaud », dans *La Poésie et ses raisons*, J. Corti, 1990.

Albert HENRY, *Lecture de quelques* Illuminations, Bruxelles, Palais des Académies, Mémoires de la classe des Lettres, 2ᵉ série, t. LXVII, fasc. 4, 1989.

Bruno CLAISSE, *Rimbaud ou le « dégagement rêvé »*, Charleville-Mézières, Musée-Bibliothèque Rimbaud, coll. « Bibliothèque sauvage », 1990.

Olivier BIVORT et André GUYAUX, *Bibliographie des* Illuminations, Paris-Genève, Champion-Slatkine, 1991.

Tzvetan TODOROV, « La poésie sans le vers » et « Les *Illuminations* », articles repris dans *La Notion de littérature et autres essais*, éd. du Seuil, coll. « Points », 1987, p. 66-84 et p. 139-160.

NOTES DE LA NOTICE

1. C'est ce délire d'interprétation dont parlera Octave Mannoni dans un article remarquable concernant d'abord le *Sonnet des Voyelles*, « Le besoin d'interpréter », *Les Temps modernes*, mars 1962. Mais le récuser tout à fait serait aussi se condamner au silence ou recourir au paradoxe. Voir l'article de Michel Charolles : « Le texte poétique et sa signification, une lecture du poème intitulé *Mouvement* et de quelques commentaires qui en sont donnés », *Europe*, mai-juin 1973, p. 97-114.

2. Félix Fénéon, lettre du 19 avril 1939, reprise dans *Illuminations, Painted Plates*, éd. critique établie par H. de Bouillane de Lacoste, Mercure de France, 1949, p. 138.

3. Dans la notice de la plaquette des *Illuminations* parue aux éditions de *La Vogue* en 1886. Certaines lettres de Verlaine à Charles de Sivry donneront aussi le sous-titre « painted plates ».

4. *Correspondance* de Paul Verlaine, Messein, 1929, t. III, p. 107.

5. Pierre Petitfils émet certaines suppositions expliquant comment dans l'intervalle le manuscrit envoyé à Nouveau fut rendu

à Verlaine, puis comment Verlaine le passa à Charles de Sivry (voir *Études rimbaldiennes*, n° 2, 1969, p. 76-77). On peut imaginer aussi qu'il exista plusieurs dossiers des *Illuminations* contenant chacun un certain nombre de « poèmes en prose ».

6. La deuxième édition des *Poètes maudits* (Vanier, 1888) porte à cet endroit la note suivante : « Les Illuminations ont été retrouvées ainsi que quelques poèmes [...]. »

7. Né en 1862, Louis Le Cardonnel appartenait alors au petit cénacle poétique *Nous Autres*. Il comptait parmi ses amis Albert Samain et Georges Auriol. Il fréquentait avec eux le cabaret du *Chat noir*. En 1886, il se retire quelque temps au séminaire d'Issy-les-Moulineaux ; il reviendra dans la vie séculière ; puis, en 1894, entrera au séminaire français de Rome. Il sera ordonné prêtre en 1896. Voir *Œuvres*, Mercure de France, 1928, 2 vol.

Après le Déluge

Aussitôt après que l'idée du Déluge [1] se fut rassise,

Un lièvre s'arrêta dans les sainfoins et les clochettes mouvantes et dit sa prière à l'arc-en-ciel à travers la toile de l'araignée.

Oh ! les pierres précieuses qui se cachaient, — les fleurs qui regardaient déjà.

Dans la grande rue sale les étals se dressèrent, et l'on tira les barques vers la mer étagée là-haut comme sur les gravures.

Le sang coula, chez Barbe-Bleue, — aux abattoirs, — dans les cirques, où le sceau de Dieu blêmit les fenêtres. Le sang et le lait coulèrent.

Les castors bâtirent. Les « mazagrans » [2] fumèrent dans les estaminets.

Dans la grande maison de vitres encore ruisselante les enfants en deuil regardèrent les merveilleuses images.

Une porte claqua, et sur la place du hameau, l'enfant tourna ses bras, compris des girouettes et des coqs des clochers de partout, sous l'éclatante giboulée.

Madame*** établit un piano dans les Alpes. La messe et les premières communions se célébrèrent aux cent mille autels de la cathédrale.

Les caravanes partirent. Et le Splendide Hôtel fut bâti dans le chaos de glaces et de nuit du pôle.

Depuis lors, la Lune entendit les chacals piaulant par les déserts de thym, — et les églogues en sabots grognant dans le verger. Puis, dans la futaie violette,

bourgeonnante, Eucharis[3] me dit que c'était le prin-
temps.

— Sourds, étang, — Écume, roule sur le pont, et
par-dessus les bois ; — draps noirs et orgues, — éclairs
et tonnerre ; — montez et roulez ; — Eaux et tris-
tesses, montez et relevez les Déluges.

Car depuis qu'ils se sont dissipés, — oh les pierres
précieuses s'enfouissant, et les fleurs ouvertes ! —
c'est un ennui ! et la Reine, la Sorcière[4] qui allume sa
braise dans le pot de terre, ne voudra jamais nous
raconter ce qu'elle sait, et que nous ignorons.

Enfance

I

Cette idole, yeux noirs et crin jaune, sans parents ni cour, plus noble que la fable, mexicaine et flamande ; son domaine, azur et verdure insolents, court sur des plages nommées, par des vagues sans vaisseaux, de noms férocement grecs, slaves, celtiques.

A la lisière de la forêt — les fleurs de rêve tintent, éclatent, éclairent, — la fille à lèvre d'orange, les genoux croisés dans le clair déluge qui sourd des prés, nudité qu'ombrent, traversent et habillent les arcs-en-ciel, la flore, la mer.

Dames qui tournoient sur les terrasses voisines de la mer ; enfantes et géantes, superbes noires dans la mousse vert-de-gris, bijoux debout sur le sol gras des bosquets et des jardinets dégelés — jeunes mères et grandes sœurs aux regards pleins de pèlerinages, sultanes, princesses de démarche et de costume tyranniques, petites étrangères et personnes doucement malheureuses.

Quel ennui, l'heure du « cher corps » et « cher cœur ».

II

C'est elle, la petite morte, derrière les rosiers. — La jeune maman trépassée descend le perron — La calèche du cousin crie sur le sable — Le petit frère —

(il est aux Indes!) là, devant le couchant, sur le pré
d'œillets. — Les vieux qu'on a enterrés tout droits
dans le rempart aux giroflées.

L'essaim des feuilles d'or entoure la maison du
général. Ils sont dans le midi. — On suit la route
rouge pour arriver à l'auberge vide. Le château est à
vendre ; les persiennes sont détachées. — Le curé aura
emporté la clef de l'église. — Autour du parc, les loges
des gardes sont inhabitées. Les palissades sont si
hautes qu'on ne voit que les cimes bruissantes.
D'ailleurs il n'y a rien à voir là-dedans.

Les prés remontent aux hameaux sans coqs, sans
enclumes. L'écluse est levée. O les calvaires et les
moulins du désert, les îles et les meules.

Des fleurs magiques bourdonnaient. Les talus *le*
berçaient. Des bêtes d'une élégance fabuleuse circu-
laient. Les nuées s'amassaient sur la haute mer faite
d'une éternité de chaudes larmes.

III

Au bois il y a un oiseau, son chant vous arrête et
vous fait rougir.

Il y a une horloge qui ne sonne pas.

Il y a une fondrière avec un nid de bêtes blanches.

Il y a une cathédrale qui descend et un lac qui
monte.

Il y a une petite voiture abandonnée dans le taillis,
ou qui descend le sentier en courant, enrubannée.

Il y a une troupe de petits comédiens en costumes,
aperçus sur la route à travers la lisière du bois.

Il y a enfin, quand l'on a faim et soif, quelqu'un qui
vous chasse.

IV

Je suis le saint, en prière sur la terrasse, — comme
les bêtes pacifiques paissent jusqu'à la mer de Pales-
tine.

Je suis le savant au fauteuil sombre. Les branches et
la pluie se jettent à la croisée de la bibliothèque.

Je suis le piéton de la grand'route par les bois nains ;

la rumeur des écluses couvre mes pas. Je vois long-
temps la mélancolique lessive d'or du couchant.

Je serais bien l'enfant abandonné sur la jetée partie à
la haute mer, le petit valet suivant l'allée dont le front
touche le ciel.

Les sentiers sont âpres. Les monticules se couvrent
de genêts. L'air est immobile. Que les oiseaux et les
sources sont loin! Ce ne peut être que la fin du
monde, en avançant.

V

Qu'on me loue enfin ce tombeau, blanchi à la chaux
avec les lignes du ciment en relief — très loin sous
terre.

Je m'accoude à la table, la lampe éclaire très
vivement ces journaux que je suis idiot de relire, ces
livres sans intérêt.

A une distance énorme au-dessus de mon salon
souterrain, les maisons s'implantent, les brumes s'as-
semblent. La boue est rouge ou noire. Ville mons-
trueuse, nuit sans fin!

Moins haut, sont des égouts. Aux côtés, rien que
l'épaisseur du globe. Peut-être les gouffres d'azur, des
puits de feu. C'est peut-être sur ces plans que se
rencontrent lunes et comètes, mers et fables.

Aux heures d'amertume je m'imagine des boules de
saphir, de métal. Je suis maître du silence. Pourquoi
une apparence de soupirail blêmirait-elle au coin de la
voûte?

Conte

Un Prince était vexé de ne s'être employé jamais qu'à la perfection des générosités vulgaires. Il prévoyait d'étonnantes révolutions de l'amour, et soupçonnait ses femmes de pouvoir mieux que cette complaisance agrémentée de ciel et de luxe. Il voulait voir la vérité, l'heure du désir et de la satisfaction essentiels. Que ce fût ou non une aberration de piété, il voulut. Il possédait au moins un assez large pouvoir humain.

Toutes les femmes qui l'avaient connu furent assassinées. Quel saccage du jardin de la beauté ! Sous le sabre, elles le bénirent. Il n'en commanda point de nouvelles. — Les femmes réapparurent.

Il tua tous ceux qui le suivaient, après la chasse ou les libations. — Tous le suivaient.

Il s'amusa à égorger les bêtes de luxe. Il fit flamber les palais. Il se ruait sur les gens et les taillait en pièces. — La foule, les toits d'or, les belles bêtes existaient encore.

Peut-on s'extasier dans la destruction, se rajeunir par la cruauté ! Le peuple ne murmura pas. Personne n'offrit le concours de ses vues.

Un soir il galopait fièrement. Un Génie apparut, d'une beauté ineffable, inavouable même. De sa physionomie et de son maintien ressortait la promesse d'un amour multiple et complexe ! d'un bonheur indicible, insupportable même ! Le Prince et le Génie s'anéantirent probablement dans la santé essentielle.

Comment n'auraient-ils pas pu en mourir ? Ensemble donc ils moururent.

Mais cc Prince décéda, dans son palais, à un âge ordinaire. Le prince était le Génie. Le Génie était le Prince.

La musique savante manque à notre désir.

Parade

Des drôles très solides. Plusieurs ont exploité vos mondes. Sans besoins et peu pressés de mettre en œuvre leurs brillantes facultés et leur expérience de vos consciences. Quels hommes mûrs ! Des yeux hébétés à la façon de la nuit d'été, rouges et noirs, tricolores, d'acier piqué d'étoiles d'or ; des facies déformés, plombés, blêmis, incendiés ; des enrouements folâtres ! La démarche cruelle des oripeaux ! — Il y a quelques jeunes, — comment regarderaient-ils Chérubin[1] ? — pourvus de voix effrayantes et de quelques ressources dangereuses. On les envoie prendre du dos[2] en ville, affublés d'un *luxe* dégoûtant.

Ô le plus violent Paradis de la grimace enragée ! Pas de comparaison avec vos Fakirs et les autres bouffonneries scéniques. Dans des costumes improvisés avec le goût du mauvais rêve ils jouent des complaintes, des tragédies de malandrins et de demi-dieux spirituels comme l'histoire ou les religions ne l'ont jamais été. Chinois, Hottentots, bohémiens, niais, hyènes, Molochs[3], vieilles démences, démons sinistres, ils mêlent les tours populaires, maternels, avec les poses et les tendresses bestiales. Ils interpréteraient des pièces nouvelles et des chansons « bonnes filles ». Maîtres jongleurs, ils transforment le lieu et les personnes, et usent de la comédie magnétique. Les yeux flambent, le sang chante, les os s'élargissent, les larmes et des filets rouges ruissellent. Leur raillerie ou leur terreur dure une minute, ou des mois entiers.

J'ai seul la clef de cette parade sauvage.

Antique

Gracieux fils de Pan ! Autour de ton front couronné de fleurettes et de baies tes yeux, des boules précieuses, remuent. Tachées de lies brunes [1], tes joues se creusent. Tes crocs luisent. Ta poitrine ressemble à une cithare, des tintements circulent dans tes bras blonds. Ton cœur bat dans ce ventre où dort le double sexe. Promène-toi, la nuit, en mouvant doucement cette cuisse, cette seconde cuisse et cette jambe de gauche.

Being Beauteous

Devant une neige un Être de Beauté de haute taille. Des sifflements de mort et des cercles de musique sourde font monter, s'élargir et trembler comme un spectre ce corps adoré ; des blessures écarlates et noires éclatent dans les chairs superbes. Les couleurs propres de la vie se foncent, dansent, et se dégagent autour de la Vision, sur le chantier. Et les frissons s'élèvent et grondent et la saveur forcenée de ces effets se chargent avec les sifflements mortels et les rauques musiques que le monde, loin derrière nous, lance sur notre mère de beauté, — elle recule, elle se dresse. Oh ! nos os sont revêtus d'un nouveau corps amoureux.

× × ×

Ô la face cendrée, l'écusson de crin, les bras de cristal ! Le canon sur lequel je dois m'abattre à travers la mêlée des arbres et de l'air léger !

Vies

I

Ô les énormes avenues du pays saint, les terrasses du temple ! Qu'a-t-on fait du brahmane qui m'expliqua les Proverbes [1] ? D'alors, de là-bas, je vois encore même les vieilles [2] ! Je me souviens des heures d'argent et de soleil vers les fleuves, la main de la campagne [3] sur mon épaule, et de nos caresses debout dans les plaines poivrées. — Un envol de pigeons écarlates [4] tonne autour de ma pensée. — Exilé ici j'ai eu une scène où jouer les chefs-d'œuvre dramatiques de toutes les littératures [5]. Je vous indiquerais les richesses inouïes. J'observe l'histoire des trésors que vous trouvâtes. Je vois la suite ! Ma sagesse est aussi dédaignée que le chaos. Qu'est mon néant, auprès de la stupeur qui vous attend ?

II

Je suis un inventeur bien autrement méritant que tous ceux qui m'ont précédé ; un musicien même, qui ai trouvé quelque chose comme la clef de l'amour. A présent, gentilhomme d'une campagne aigre au ciel sobre, j'essaie de m'émouvoir au souvenir de l'enfance mendiante, de l'apprentissage ou de l'arrivée en sabots, des polémiques, des cinq ou six veuvages, et quelques noces où ma forte tête m'empêcha de monter au diapason des camarades. Je ne regrette pas ma vieille part de gaîté divine : l'air sobre de cette aigre

campagne alimente fort activement mon atroce scepti-
cisme. Mais comme ce scepticisme ne peut désormais
être mis en œuvre, et que d'ailleurs je suis dévoué à un
trouble nouveau, — j'attends de devenir un très
méchant fou.

III

Dans un grenier où je fus enfermé à douze ans j'ai
connu le monde, j'ai illustré la comédie humaine.
Dans un cellier j'ai appris l'histoire. A quelque fête de
nuit [1] dans une cité du Nord j'ai rencontré toutes les
femmes des anciens peintres. Dans un vieux passage à
Paris [2] on m'a enseigné les sciences classiques. Dans
une magnifique demeure cernée par l'Orient entier j'ai
accompli mon immense œuvre et passé mon illustre
retraite. J'ai brassé mon sang. Mon devoir m'est
remis. Il ne faut même plus songer à cela. Je suis
réellement d'outre-tombe, et pas de commissions.

Départ

Assez vu. La vision s'est rencontrée à tous les airs.

Assez eu. Rumeurs des villes, le soir, et au soleil, et toujours.

Assez connu. Les arrêts de la vie. — Ô Rumeurs et Visions !

Départ dans l'affection et le bruit neufs !

Royauté

Un beau matin, chez un peuple fort doux, un homme et une femme superbes criaient sur la place publique. « Mes amis, je veux qu'elle soit reine ! » « Je veux être reine ! » Elle riait et tremblait. Il parlait aux amis de révélation, d'épreuve terminée. Ils se pâmaient l'un contre l'autre.

En effet ils furent rois toute une matinée où les tentures carminées se relevèrent sur les maisons, et toute l'après-midi, où ils s'avancèrent du côté des jardins de palmes.

A une Raison

Un coup de ton doigt sur le tambour décharge tous les sons et commence la nouvelle harmonie.

Un pas de toi. C'est la levée des nouveaux hommes et leur en-marche.

Ta tête se détourne[1] : le nouvel amour ! Ta tête se retourne, — le nouvel amour !

« Change nos lots[2], crible les fléaux, à commencer par le temps », te chantent ces enfants. « Élève n'importe où la substance de nos fortunes et de nos vœux » on t'en prie.

Arrivée de toujours, qui t'en iras partout.

Matinée d'ivresse

Ô *mon* Bien! ô *mon* Beau! Fanfare atroce où je ne trébuche point! chevalet féerique[1]! Hourra pour l'œuvre inouïe et pour le corps merveilleux, pour la première fois! Cela commença sous les rires des enfants, cela finira par eux. Ce poison va rester dans toutes nos veines même quand, la fanfare tournant[2], nous serons rendu à l'ancienne inharmonie. Ô maintenant nous si digne[3] de ces tortures! rassemblons fervemment cette promesse surhumaine faite à notre corps et à notre âme créés : cette promesse, cette démence! L'élégance, la science, la violence! On nous a promis d'enterrer dans l'ombre l'arbre du bien et du mal, de déporter les honnêtetés tyranniques, afin que nous amenions notre très pur amour. Cela commença par quelques dégoûts et cela finit, — ne pouvant nous saisir sur-le-champ de cette éternité, — cela finit par une débandade de parfums.

Rire des enfants, discrétion des esclaves, austérité des vierges[4], horreur des figures et des objets d'ici, sacrés soyez-vous par le souvenir de cette veille. Cela commençait par toute la rustrerie, voici que cela finit par des anges de flamme et de glace.

Petite veille d'ivresse, sainte! quand ce ne serait que pour le masque dont tu nous as gratifié. Nous t'affirmons, méthode! Nous n'oublions pas que tu as glorifié hier chacun de nos âges. Nous avons foi au poison. Nous savons donner notre vie tout entière tous les jours.

Voici le temps des *Assassins*.

Phrases

Quand le monde sera réduit en un seul bois noir pour nos quatre yeux étonnés, — en une plage pour deux enfants fidèles[1], — en une maison musicale pour notre claire sympathie, — je vous trouverai.

Qu'il n'y ait ici-bas qu'un vieillard seul, calme et beau, entouré d'un « luxe inouï », — et je suis à vos genoux.

Que j'aie réalisé tous vos souvenirs, — que je sois celle[2] qui sait vous garrotter, — je vous étoufferai.

~~~~~~~~~~

Quand nous sommes très forts, — qui recule ? très gais, qui tombe de ridicule ? Quand nous sommes très-méchants, que ferait-on de nous.

Parez-vous, dansez, riez, — Je ne pourrai jamais envoyer l'Amour par la fenêtre.

~~~~~~~~~~

— Ma camarade, mendiante[3], enfant monstre ! comme ça t'est égal, ces malheureuses et ces manœuvres, et mes embarras. Attache-toi à nous avec ta voix impossible, ta voix ! unique flatteur de ce vil désespoir.

[Phrases]

Une matinée couverte, en Juillet. Un goût de
cendres vole dans l'air ; — une odeur de bois suant
dans l'âtre, — les fleurs rouies — le saccage des
promenades — la bruine des canaux par les champs —
pourquoi pas déjà les joujoux et l'encens ?

× × ×

J'ai tendu des cordes de clocher à clocher ; des
guirlandes de fenêtre à fenêtre ; des chaînes d'or
d'étoile à étoile, et je danse.

× × ×

Le haut étang fume continuellement. Quelle sor-
cière va se dresser sur le couchant blanc ? quelles
violettes frondaisons vont descendre ?

× × ×

Pendant que les fonds publics s'écoulent en fêtes de
fraternité, il sonne une cloche de feu rose dans les
nuages.

× × ×

Avivant un agréable goût d'encre de Chine une
poudre noire pleut doucement sur ma veillée, — Je

baisse les feux du lustre, je me jette sur le lit, et tourné du côté de l'ombre je vous vois, mes filles ! mes reines !

Ouvriers

Ô cette chaude matinée de février. Le Sud[1] inopportun vint relever nos souvenirs d'indigents absurdes, notre jeune misère.

Henrika[2] avait une jupe de coton à carreau blanc et brun, qui a dû être portée au siècle dernier, un bonnet à rubans, et un foulard de soie. C'était bien plus triste qu'un deuil. Nous faisions un tour dans la banlieue. Le temps était couvert et ce vent du Sud excitait toutes les vilaines odeurs des jardins ravagés et des prés desséchés.

Cela ne devait pas fatiguer ma femme au même point que moi. Dans une flache laissée par l'inondation du mois précédent à un sentier assez haut elle me fit remarquer de très petits poissons[3].

La ville, avec sa fumée et ses bruits de métiers, nous suivait très loin dans les chemins. Ô l'autre monde, l'habitation bénie par le ciel et les ombrages ! Le sud me rappelait les misérables incidents de mon enfance, mes désespoirs d'été, l'horrible quantité de force et de science que le sort a toujours éloignée de moi. Non ! nous ne passerons pas l'été dans cet avare pays où nous ne serons jamais que des orphelins fiancés. Je veux que ce bras durci ne traîne plus *une chère image*.

Les Ponts

Des ciels gris de cristal. Un bizarre dessin de ponts, ceux-ci droits, ceux-là bombés, d'autres descendant ou obliquant en angles sur les premiers, et ces figures se renouvelant dans les autres circuits éclairés du canal, mais tous tellement longs et légers que les rives chargées de dômes s'abaissent et s'amoindrissent. Quelques-uns de ces ponts sont encore chargés de masures. D'autres soutiennent des mâts, des signaux, de frêles parapets. Des accords mineurs se croisent, et filent, des cordes montent des berges. On distingue une veste rouge, peut-être d'autres costumes et des instruments de musique. Sont-ce des airs populaires, des bouts de concerts seigneuriaux, des restants d'hymnes publics? L'eau est grise et bleue, large comme un bras de mer. — Un rayon blanc, tombant du haut du ciel, anéantit cette comédie.

Ville

Je suis un éphémère et point trop mécontent citoyen d'une métropole crue moderne parce que tout goût connu a été éludé dans les ameublements et l'extérieur des maisons aussi bien que dans le plan de la ville. Ici vous ne signaleriez les traces d'aucun monument de superstition[1]. La morale et la langue sont réduites à leur plus simple expression, enfin ! Ces millions de gens qui n'ont pas besoin de se connaître amènent si pareillement l'éducation, le métier et la vieillesse, que ce cours de vie doit être plusieurs fois moins long que ce qu'une statistique folle trouve pour les peuples du continent. Aussi comme[2], de ma fenêtre, je vois des spectres nouveaux roulant à travers l'épaisse et éternelle fumée de charbon, — notre ombre des bois, notre nuit d'été ! — des Erinnyes[3] nouvelles, devant mon cottage qui est ma patrie et tout mon cœur puisque tout ici ressemble à ceci, — la Mort sans pleurs, notre active fille et servante, un Amour désespéré, et un joli Crime piaulant dans la boue de la rue.

Ornières

A droite l'aube d'été éveille les feuilles et les vapeurs et les bruits de ce coin du parc, et les talus de gauche tiennent dans leur ombre violette les mille rapides ornières de la route humide. Défilé de féeries. En effet : des chars chargés d'animaux de bois doré, de mâts et de toiles bariolées, au grand galop de vingt chevaux de cirque tachetés, et les enfants et les hommes sur leurs bêtes les plus étonnantes ; — vingt véhicules, bossés, pavoisés et fleuris comme des carrosses anciens ou de contes, pleins d'enfants attifés pour une pastorale suburbaine ; — Même des cercueils sous leur dais de nuit dressant les panaches d'ébène, filant au trot des grandes juments bleues et noires.

Villes
[I]

L'acropole officielle outre les conceptions de la barbarie moderne les plus colossales. Impossible d'exprimer le jour mat produit par le ciel immuablement gris, l'éclat impérial des bâtisses, et la neige éternelle du sol. On a reproduit dans un goût d'énormité singulier toutes les merveilles classiques de l'architecture. J'assiste à des expositions de peinture dans des locaux vingt fois plus vastes qu'Hampton-Court[1]. Quelle peinture ! Un Nabuchodonosor norwégien a fait construire les escaliers des ministères ; les subalternes que j'ai pu voir sont déjà plus fiers que des Brahmas[2] et j'ai tremblé à l'aspect des gardiens de colosses[3] et officiers de constructions. Par le groupement des bâtiments en squares, cours et terrasses fermées, on a évincé les cochers. Les parcs représentent la nature primitive travaillée par un art superbe. Le haut quartier a des parties inexplicables : un bras de mer, sans bateaux, roule sa nappe de grésil bleu entre des quais chargés de candélabres géants. Un pont court conduit à une poterne immédiatement sous le dôme de la Sainte-Chapelle. Ce dôme est une armature d'acier[4] artistique de quinze mille pieds de diamètre environ.

Sur quelques points des passerelles de cuivre, des plates-formes, des escaliers qui contournent les halles et les piliers, j'ai cru pouvoir juger la profondeur de la ville ! C'est le prodige dont je n'ai pu me rendre compte : quels sont les niveaux des autres quartiers

sur ou sous l'acropole ? Pour l'étranger de notre temps
la reconnaissance est impossible. Le quartier commer-
çant est un circus d'un seul style, avec galeries à
arcades. On ne voit pas de boutiques. Mais la neige de
la chaussée est écrasée ; quelques nababs aussi rares
que les promeneurs d'un matin de dimanche à Lon-
dres, se dirigent vers une diligence de diamants.
Quelques divans de velours rouge : on sert des
boissons polaires dont le prix varie de huit cents à huit
mille roupies. A l'idée de chercher des théâtres sur ce
circus, je me réponds que les boutiques doivent
contenir des drames assez sombres. Je pense qu'il y a
une police ; mais la loi doit être tellement étrange, que
je renonce à me faire une idée des aventuriers d'ici.

Le faubourg aussi élégant qu'une belle rue de Paris
est favorisé d'un air de lumière. L'élément démocrati-
que compte quelque cent âmes. Là encore les maisons
ne se suivent pas ; le faubourg se perd bizarrement
dans la campagne, le « Comté [5] » qui remplit l'occi-
dent éternel des forêts et des plantations prodigieuses
où les gentilshommes sauvages chassent leurs chroni-
ques sous la lumière qu'on a créée.

Vagabonds

Pitoyable frère ! Que d'atroces veillées je lui dus !
« Je ne me saisissais pas fervemment de cette entre-
prise. Je m'étais joué de son infirmité[1]. Par ma faute
nous retournerions en exil, en esclavage. » Il me
supposait un guignon et une innocence très bizarres,
et il ajoutait des raisons inquiétantes.

Je répondais en ricanant à ce satanique docteur[2], et
finissais par gagner la fenêtre. Je créais, par-delà la
campagne traversée par des bandes de musique rare[3],
les fantômes du futur luxe nocturne.

Après cette distraction vaguement hygiénique je
m'étendais sur une paillasse. Et, presque chaque nuit,
aussitôt endormi, le pauvre frère se levait, la bouche
pourrie, les yeux arrachés, — tel qu'il se rêvait ![4] — et
me tirait dans la salle en hurlant son songe de chagrin
idiot.

J'avais en effet, en toute sincérité d'esprit, pris
l'engagement de le rendre à son état primitif de fils du
soleil, — et nous errions, nourris du vin des cavernes[5]
et du biscuit de la route, moi pressé de trouver le lieu
et la formule.

Villes
[II]

Ce sont des villes ! C'est un peuple pour qui se sont montés ces Alleghanys et ces Libans[1] de rêve ! Des chalets de cristal et de bois qui se meuvent sur des rails et des poulies invisibles. Les vieux cratères ceints de colosses et de palmiers de cuivre rugissent mélodieusement dans les feux. Des fêtes amoureuses sonnent sur les canaux pendus derrière les chalets. La chasse des carillons crie dans les gorges. Des corporations de chanteurs géants accourent dans des vêtements et des oriflammes éclatants comme la lumière des cimes. Sur les plates-formes au milieu des gouffres les Rolands sonnent leur bravoure. Sur les passerelles de l'abîme et les toits des auberges l'ardeur du ciel pavoise les mâts. L'écroulement des apothéoses rejoint les champs des hauteurs où les centauresses séraphiques évoluent parmi les avalanches. Au-dessus du niveau des plus hautes crêtes une mer troublée par la naissance éternelle de Vénus, chargée de flottes orphéoniques et de la rumeur des perles et des conques précieuses, — la mer s'assombrit parfois avec des éclats mortels. Sur les versants des moissons de fleurs grandes comme nos armes et nos coupes, mugissent. Des cortèges de Mabs[2] en robes rousses, opalines, montent des ravines. Là-haut, les pieds dans la cascade et les ronces, les cerfs tètent Diane. Les Bacchantes des banlieues[3] sanglotent et la lune brûle et hurle. Vénus entre dans les cavernes des forgerons et des ermites[4]. Des groupes de beffrois chantent les idées des peuples. Des châteaux bâtis en os sort la musique inconnue. Toutes les légendes évoluent et les élans se ruent dans les bourgs[5]. Le paradis des orages s'effondre. Les sauvages dansent sans cesse la fête de la nuit. Et une heure je suis descendu dans le mouvement d'un boulevard de Bagdad où des compagnies ont chanté la joie du travail nouveau, sous une brise épaisse, circulant sans pouvoir éluder les fabuleux fantômes des monts où l'on a dû se retrouver.

Quels bons bras, quelle belle heure[6] me rendront cette région d'où viennent mes sommeils et mes moindres mouvements ?

Veillées

I

C'est le repos éclairé, ni fièvre ni langueur, sur le lit ou sur le pré.

C'est l'ami ni ardent ni faible. L'ami.

C'est l'aimée ni tourmentante ni tourmentée. L'aimée.

L'air et le monde point cherchés. La vie.

— Était-ce donc ceci ?

— Et le rêve fraîchit.

———

II

L'éclairage revient à l'arbre de bâtisse. Des deux extrémités de la salle, décors quelconques, des élévations harmoniques se joignent. La muraille en face du veilleur est une succession psychologique de coupes de frises[1], de bandes athmosphériques et d'accidences[2] géologiques. — Rêve intense et rapide de groupes sentimentaux avec des êtres de tous les caractères parmi toutes les apparences.

———

III

Les lampes et les tapis de la veillée font le bruit des vagues, la nuit, le long de la coque et autour du steerage[1].

La mer de la veillée, telle que les seins d'Amélie[2].

Les tapisseries, jusqu'à mi-hauteur, des taillis de dentelle, teinte d'émeraude, où se jettent les tourterelles de la veillée.

. . . .

La plaque du foyer noir, de réels soleils des grèves : ah ! puits des magies ; seule vue d'aurore, cette fois.

Mystique

Sur la pente du talus les anges tournent leurs robes de laine dans les herbages d'acier et d'émeraude.

Des prés de flammes bondissent jusqu'au sommet du mamelon. A gauche le terreau de l'arête est piétiné par tous les homicides et toutes les batailles, et tous les bruits désastreux filent leur courbe. Derrière l'arête de droite la ligne des orients, des progrès.

Et tandis que la bande en haut du tableau est formée de la rumeur tournante et bondissante des conques des mers et des nuits humaines,

La douceur fleurie des étoiles et du ciel et du reste descend en face du talus, comme un panier, contre notre face, et fait l'abîme fleurant et bleu là-dessous.

Aube

J'ai embrassé l'aube d'été.

Rien ne bougeait encore au front des palais. L'eau était morte. Les camps d'ombres ne quittaient pas la route du bois. J'ai marché, réveillant les haleines vives et tièdes, et les pierreries regardèrent, et les ailes se levèrent sans bruit.

La première entreprise fut, dans le sentier déjà empli de frais et blêmes éclats, une fleur qui me dit son nom.

Je ris au wasserfall[1] blond qui s'échevela à travers les sapins : à la cime argentée je reconnus la déesse.

Alors je levai un à un les voiles[2]. Dans l'allée, en agitant les bras. Par la plaine, où je l'ai dénoncée au coq. A la grand'ville elle fuyait parmi les clochers et les dômes, et courant comme un mendiant sur les quais de marbre, je la chassais.

En haut de la route, près d'un bois de lauriers[3], je l'ai entourée avec ses voiles amassés, et j'ai senti un peu son immense corps. L'aube et l'enfant tombèrent au bas du bois.

Au réveil il était midi.

Fleurs

D'un gradin d'or, — parmi les cordons de soie, les gazes grises, les velours verts et les disques de cristal qui noircissent comme du bronze au soleil, — je vois la digitale s'ouvrir sur un tapis de filigranes d'argent, d'yeux et de chevelures.

Des pièces d'or jaune semées sur l'agate, des piliers d'acajou supportant un dôme d'émeraudes, des bouquets de satin blanc et de fines verges de rubis entourent la rose d'eau.

Tels qu'un dieu aux énormes yeux bleus et aux formes de neige, la mer et le ciel attirent aux terrasses de marbre la foule des jeunes et fortes roses.

Nocturne vulgaire [1]

Un souffle ouvre des brèches operadiques [2] dans les cloisons, — brouille le pivotement des toits rongés, — disperse les limites des foyers, — éclipse les croisées. — Le long de la vigne, m'étant appuyé du pied à une gargouille, — je suis descendu dans ce carrosse dont l'époque est assez indiquée par les glaces convexes, les panneaux bombés et les sophas contournés — Corbillard de mon sommeil [3], isolé, maison de berger de ma niaiserie, le véhicule vire sur le gazon de la grande route effacée : et dans un défaut en haut de la glace de droite tournoient les blêmes figures lunaires, feuilles, seins ; — Un vert et un bleu très foncés envahissent l'image. Dételage aux environs d'une tache de gravier.

— Ici, va-t-on siffler pour l'orage [4], et les Sodomes, et les Solymes [5], — et les bêtes féroces et les armées,

— (Postillon et bêtes de songe reprendront-ils sous les plus suffocantes futaies, pour m'enfoncer jusqu'aux yeux dans la source de soie).

— Et nous envoyer, fouettés à travers les eaux clapotantes et les boissons répandues, rouler sur l'aboi des dogues...

— Un souffle disperse les limites du foyer.

Marine

Les chars d'argent et de cuivre —
Les proues d'acier [1] et d'argent —
Battent l'écume, —
Soulèvent les souches des ronces.
Les courants de la lande
Et les ornières immenses du reflux
Filent circulairement vers l'est,
Vers les piliers de la forêt, —
Vers les fûts de la jetée,
Dont l'angle est heurté par des tourbillons de lumière.

Fête d'hiver

La cascade sonne derrière les huttes d'opéra-comique. Des girandoles prolongent, dans les vergers et les allées voisins du Méandre[1], — les verts et les rouges du couchant. Nymphes d'Horace coiffées au Premier Empire[2], — Rondes Sibériennes, Chinoises de Boucher[3]. —

Angoisse

Se peut-il qu'Elle me fasse pardonner les ambitions continuellement écrasées, — qu'une fin aisée répare les âges d'indigence, — qu'un jour de succès nous endorme sur la honte de notre inhabileté fatale [1],

(Ô palmes! diamant! — Amour! force! — plus haut que toutes joies et gloires! — de toutes façons, partout, — Démon, dieu — Jeunesse de cet être-ci; moi!) [2]

Que des accidents de féerie scientifique et des mouvements de fraternité sociale soient chéris comme restitution progressive de la franchise première?...

Mais la Vampire qui nous rend gentils commande que nous nous amusions avec ce qu'elle nous laisse, ou qu'autrement nous soyons plus drôles.

Rouler aux blessures, par l'air lassant et la mer; aux supplices, par le silence des eaux et de l'air meurtriers; aux tortures qui rient, dans leur silence atrocement houleux.

Métropolitain

Du détroit d'indigo aux mers d'Ossian [1], sur le sable rose et orange qu'a lavé le ciel vineux viennent de monter et de se croiser des boulevards de cristal habités incontinent par de jeunes familles pauvres qui s'alimentent chez les fruitiers. Rien de riche. — La ville !

Du désert de bitume fuient droit en déroute avec les nappes de brumes échelonnées en bandes affreuses au ciel qui se recourbe, se recule et descend, formé de la plus sinistre fumée noire que puisse faire l'Océan en deuil, les casques, les roues, les barques, les croupes. — La bataille [2] !

Lève la tête : le pont de bois, arqué ; les derniers potagers de Samarie [3] ; ces masques enluminés sous la lanterne fouettée par la nuit froide ; l'ondine niaise à la robe bruyante, au bas de la rivière ; les crânes lumineux dans les plans de pois [4] — et les autres fantasmagories — la campagne.

Des routes bordées de grilles et de murs, contenant à peine leurs bosquets, et les atroces fleurs qu'on appellerait cœurs et sœurs, Damas [5] damnant de longueur, — possessions de féeriques aristocraties ultra-Rhénanes, Japonaises, Guaranies [6], propres encore à recevoir la musique des anciens — et il y a des auberges [7] qui pour toujours n'ouvrent déjà plus — il y a des princesses, et si tu n'es pas trop accablé, l'étude des astres — le ciel.

Le matin où avec Elle [8], vous vous débattîtes parmi les éclats de neige, les lèvres vertes, les glaces, les drapeaux noirs et les rayons bleus, et les parfums pourpres du soleil des pôles, — ta force.

Barbare

Bien après les jours et les saisons [1], et les êtres et les pays,

Le pavillon en viande saignante sur la soie des mers et des fleurs arctiques ; (elles n'existent pas.) [2]

Remis des vieilles fanfares d'héroïsme — qui nous attaquent encore le cœur et la tête — loin des anciens assassins —

Oh ! Le pavillon en viande saignante sur la soie des mers et des fleurs arctiques ; (elles n'existent pas)

Douceurs !

Les brasiers [3] pleuvant aux rafales de givre [4], — Douceurs ! — les feux à la pluie du vent de diamants jetée par le cœur terrestre éternellement carbonisé pour nous. — Ô monde ! —

(Loin des vieilles retraites et des vieilles flammes, qu'on entend, qu'on sent,)

Les brasiers et les écumes. La musique, virement des gouffres et choc des glaçons aux astres.

Ô Douceurs, ô monde, ô musique ! Et là, les formes, les sueurs, les chevelures et les yeux, flottant. Et les larmes blanches, bouillantes, — ô douceurs ! — et la voix féminine arrivée au fond des volcans et des grottes arctiques.

Le pavillon.....

Solde

A vendre ce que les Juifs n'ont pas vendu, ce que
noblesse ni crime n'ont goûté, ce qu'ignorent l'amour
maudit et la probité infernale des masses : ce que le
temps ni la science n'ont pas à reconnaître :

Les Voix reconstituées ; l'éveil fraternel de toutes
les énergies chorales et orchestrales et leurs applica-
tions instantanées ; l'occasion, unique, de dégager nos
sens !

A vendre les Corps sans prix, hors de toute race, de
tout monde, de tout sexe, de toute descendance ! Les
richesses jaillissant à chaque démarche ! Solde de
diamants sans contrôle !

A vendre l'anarchie pour les masses ; la satisfaction
irrépressible pour les amateurs supérieurs ; la mort
atroce pour les fidèles et les amants !

A vendre les habitations et les migrations, sports,
féeries et comforts parfaits, et le bruit, le mouvement
et l'avenir qu'ils font !

A vendre les applications de calcul et les sauts
d'harmonie inouïs. Les trouvailles et les termes non
soupçonnés, possession immédiate,

Élan insensé et infini aux splendeurs invisibles, aux
délices insensibles, — et ses secrets affolants pour
chaque vice — et sa gaîté effrayante pour la foule —

A vendre les Corps, les voix, l'immense opulence
inquestionable[1], ce qu'on ne vendra jamais. Les
vendeurs ne sont pas à bout de solde ! Les voyageurs
n'ont pas à rendre leur commission[2] de si tôt !

Fairy

Pour Hélène se conjurèrent les sèves ornamentales [1] dans les ombres vierges et les clartés impassibles dans le silence astral [2]. L'ardeur de l'été fut confiée à des oiseaux muets [3] et l'indolence requise à une barque de deuils sans prix par des anses d'amours morts et de parfums affaissés.

— Après le moment de l'air des bûcheronnes à la rumeur du torrent sous la ruine des bois, de la sonnerie des bestiaux à l'écho des vals, et des cris des steppes [4]. —

Pour l'enfance d'Hélène frissonnèrent les fourrures et les ombres, — et le sein des pauvres, et les légendes du ciel.

Et ses yeux et sa danse supérieurs encore aux éclats précieux, aux influences froides, au plaisir du décor et de l'heure uniques.

Jeunesse

— I —
Dimanche.

Les calculs de côté, l'inévitable descente du ciel, la
visite des souvenirs et la séance des rhythmes occu-
pent la demeure, la tête et le monde de l'esprit.

— Un cheval détale sur le turf suburbain, et le long
des cultures et des boisements[1], percé par la peste
carbonique. Une misérable femme de drame, quelque
part dans le monde, soupire après des abandons
improbables. Les desperadoes[2] languissent après[3]
l'orage, l'ivresse et les blessures. De petits enfants
étouffent des malédictions le long des rivières. —
Reprenons l'étude au bruit de l'œuvre dévorante
qui se rassemble et remonte dans les masses.

II
Sonnet

Homme de constitution ordinaire, la chair
n'était-elle pas un fruit pendu dans le verger[1]; — ô
journées enfantes[2]! — le corps un trésor à prodiguer; — ô
aimer, le péril ou la force de Psyché[3]? La terre
avait des versants fertiles en princes et en artistes,
et la descendance et la race vous poussaient aux
crimes et aux deuils : le monde votre fortune et votre

péril. Mais à présent, ce labeur comblé ; toi, tes calculs,
— toi, tes impatiences — ne sont plus que votre danse et
votre voix [4], non fixées et point forcées, quoique d'un double
événement d'invention et de succès + [5] une raison,
— en l'humanité fraternelle et discrète par l'univers
sans images ; — la force et le droit [6] réfléchissent la
danse et la voix à présent seulement appréciées.

III

Vingt ans.

Les voix instructives exilées.... L'ingénuité physi-
que amèrement rassise.... — Adagio — Ah ! l'égoïsme
infini de l'adolescence, l'optimisme studieux : que le
monde était plein de fleurs cet été ! Les airs et les
formes mourant.... — Un chœur, pour calmer l'im-
puissance et l'absence ! Un chœur de verres, de
mélodies nocturnes.... En effet les nerfs vont vite
chasser [1].

IV

Tu en es encore à la tentation d'Antoine [1]. L'ébat du
zèle écourté, les tics d'orgueil puéril, l'affaissement et
l'effroi.

Mais tu te mettras à ce travail : toutes les possibili-
tés harmoniques et architecturales s'émouvront autour
de ton siège. Des êtres parfaits, imprévus, s'offriront à
tes expériences. Dans tes environs affluera rêveuse-
ment la curiosité d'anciennes foules et de luxes oisifs.
Ta mémoire et tes sens ne seront que la nourriture de
ton impulsion créatrice. Quant au monde, quand tu
sortiras, que sera-t-il devenu ? En tout cas, rien des
apparences actuelles.

Guerre

Enfant, certains ciels ont affiné mon optique : tous
les caractères nuancèrent ma physionomie. Les Phé-
nomènes s'émurent[1]. — A présent l'inflexion éter-
nelle des moments et l'infini des mathématiques me
chassent par ce monde où je subis tous les succès
civils, respecté de l'enfance étrange et des affections
énormes. — Je songe à une Guerre, de droit ou de
force, de logique bien imprévue.

C'est aussi simple qu'une phrase musicale.

Promontoire

L'aube d'or et la soirée frissonnante trouvent notre brick en large[1] en face de cette Villa et de ses dépendances, qui forment un promontoire aussi étendu que l'Épire et le Péloponnèse[2] ou que la grande île du Japon, ou que l'Arabie ! Des fanums[3] qu'éclaire la rentrée des théories[4], d'immenses vues de la défense des côtes modernes ; des dunes illustrées de chaudes fleurs et de bacchanales ; de grands canaux de Carthage et des Embankments[5] d'une Venise louche ; de molles éruptions d'Etnas et des crevasses de fleurs et d'eaux des glaciers ; des lavoirs entourés de peupliers d'Allemagne[6] ; des talus de parcs singuliers penchant des têtes d'Arbres[7] du Japon ; les façades circulaires des « Royal » ou des « Grand » de Scarbro'[8] ou de Brooklyn[9] ; et leurs railways flanquent, creusent, surplombent les dispositions de cet Hôtel, choisies dans l'histoire des plus élégantes et des plus colossales constructions de l'Italie, de l'Amérique et de l'Asie, dont les fenêtres et les terrasses à présent pleines d'éclairages, de boissons et de brises riches, sont ouvertes à l'esprit des voyageurs et des nobles — qui permettent, aux heures du jour, à toutes les tarentelles[10] des côtes, — et même aux ritournelles des vallées illustres de l'art, de décorer merveilleusement les façades du Palais. Promontoire[11].

Scènes

L'ancienne Comédie poursuit ses accords et divise ses Idylles :

Des boulevards de tréteaux.

Un long pier[1] en bois d'un bout à l'autre d'un champ rocailleux où la foule barbare évolue sous les arbres dépouillés.

Dans des corridors de gaze noire suivant le pas des promeneurs aux lanternes et aux feuilles.

Des oiseaux des mystères[2] s'abattent sur un ponton de maçonnerie mû par l'archipel couvert des embarcations des spectateurs.

Des scènes lyriques accompagnées de flûte et de tambour s'inclinent dans des réduits ménagés sous les plafonds, autour des salons de clubs modernes ou des salles de l'Orient ancien.

La féerie manœuvre au sommet d'un amphithéâtre couronné par les taillis, — Ou s'agite et module pour les Béotiens[3], dans l'ombre des futaies mouvantes sur l'arête des cultures.

L'opéra-comique se divise sur une scène à l'arête d'intersection de dix cloisons dressées de la galerie aux feux.

Soir historique

En quelque soir, par exemple, que se trouve le
touriste naïf, retiré de nos horreurs économiques, la
main d'un maître anime le clavecin des prés ; on joue
aux cartes au fond de l'étang [1], miroir évocateur des
reines et des mignonnes, on a les saintes, les voiles, et
les fils d'harmonie, et les chromatismes légendaires [2],
sur le couchant.

Il frissonne au passage des chasses et des hordes. La
comédie goutte sur les tréteaux de gazon. Et l'embar-
ras des pauvres et des faibles sur ces plans stupides !

A sa vision esclave, — l'Allemagne s'échafaude vers
des lunes ; les déserts tartares s'éclairent — les révoltes
anciennes grouillent dans le centre du Céleste Empire,
par les escaliers et les fauteuils de rois [3] — un petit
monde blême et plat, Afrique et Occidents, va s'édi-
fier. Puis un ballet de mers et de nuits connues, une
chimie sans valeur, et des mélodies impossibles.

La même magie bourgeoise à tous les points où la
malle nous déposera ! Le plus élémentaire physicien
sent qu'il n'est plus possible de se soumettre à cette
atmosphère personnelle [4], brume de remords physi-
ques, dont la constatation est déjà une affliction.

Non ! — Le moment de l'étuve, des mers enlevées,
des embrasements souterrains, de la planète empor-
tée, et des exterminations conséquentes, certitudes si
peu malignement indiquées dans la Bible et par les
Nornes [5] et qu'il sera donné à l'être sérieux de
surveiller. — Cependant ce ne sera point un effet de
légende !

Bottom [1]

La réalité étant trop épineuse pour mon grand caractère, — je me trouvai néanmoins chez ma dame, en gros oiseau gris bleu s'essorant vers les moulures du plafond et traînant l'aile dans les ombres de la soirée.

Je fus, au pied du baldaquin supportant ses bijoux adorés et ses chefs-d'œuvre physiques, un gros ours aux gencives violettes et au poil chenu de chagrin, les yeux aux cristaux et aux argents des consoles.

Tout se fit ombre et aquarium ardent. Au matin, — aube de juin batailleuse, — je courus aux champs, âne, claironnant et brandissant mon grief [2], jusqu'à ce que les Sabines [3] de la banlieue vinrent se jeter à mon poitrail.

H

Toutes les monstruosités violent les gestes atroces d'Hortense. Sa solitude est la mécanique érotique, sa lassitude, la dynamique amoureuse. Sous la surveillance d'une enfance elle a été, à des époques nombreuses, l'ardente hygiène des races. Sa porte est ouverte à la misère. Là, la moralité des êtres actuels se décorpore en sa passion ou en son action — Ô terrible frisson des amours novices sur le sol sanglant et par l'hydrogène clarteux ! trouvez Hortense.

Mouvement

Le mouvement de lacet sur la berge des chutes du
    fleuve,
Le gouffre à l'étambot[1],
La célérité de la rampe[2],
L'énorme passade[3] du courant,
Mènent par les lumières inouïes
Et la nouveauté chimique
Les voyageurs entourés des trombes du val
Et du strom[4].

Ce sont les conquérants du monde
Cherchant la fortune chimique personnelle;
Le sport et le comfort[5] voyagent avec eux;
Ils emmènent l'éducation
Des races, des classes et des bêtes, sur ce Vaisseau[6].
Repos et vertige
A la lumière diluvienne,
Aux terribles soirs d'étude.

Car de la causerie parmi les appareils, — le sang, les
    fleurs, le feu, les bijoux —
Des comptes agités à ce bord fuyard,
— On voit, roulant comme une digue au-delà de la
    route hydraulique motrice,

Monstrueux, s'éclairant sans fin, — leur stock
    d'études ; —
Eux chassés dans l'extase harmonique
Et l'héroïsme de la découverte.

Aux accidents atmosphériques les plus surprenants
Un couple de jeunesse s'isole sur l'arche,
— Est-ce ancienne sauvagerie qu'on pardonne[7] ? —
Et chante et se poste.

Dévotion

A ma sœur Louise Vanaen de Voringhem[1] : — Sa cornette bleue tournée à la mer du Nord. — Pour les naufragés.

A ma sœur Léonie Aubois d'Ashby[2]. Baou — l'herbe d'été bourdonnante et puante. — Pour la fièvre des mères et des enfants.

A Lulu[3], — démon — qui a conservé un goût pour les oratoires du temps des Amies et de son éducation incomplète. Pour les hommes ! — A madame ***.

A l'adolescent que je fus. A ce saint vieillard[4], ermitage ou mission.

A l'esprit des pauvres. Et à un très haut clergé.

Aussi bien à tout culte en telle place de culte mémoriale et parmi tels événements qu'il faille se rendre, suivant les aspirations du moment ou bien notre propre vice sérieux,

Ce soir à Circeto des hautes glaces[5], grasse comme le poisson, et enluminée comme les dix mois de la nuit rouge, — (son cœur ambre et spunk), — pour ma seule prière muette comme ces régions de nuit et précédant des bravoures plus violentes que ce chaos polaire.

A tout prix et avec tous les airs, même dans des voyages métaphysiques. — Mais plus *alors*[6].

Démocratie

« Le drapeau va au paysage immonde, et notre patois étouffe le tambour[1].

« Aux centres nous alimenterons la plus cynique prostitution. Nous massacrerons les révoltes logiques[2].

« Aux pays poivrés et détrempés ! — au service des plus monstrueuses exploitations industrielles ou militaires.

« Au revoir ici, n'importe où. Conscrits du bon vouloir, nous aurons la philosophie féroce[3] ; ignorants pour la science, roués pour le confort ; la crevaison[4] pour le monde qui va. C'est la vraie marche. En avant, route ![5] »

Génie

Il est l'affection et le présent puisqu'il a fait la maison ouverte à l'hiver écumeux et à la rumeur de l'été, lui qui a purifié les boissons et les aliments, lui qui est le charme des lieux fuyants et le délice surhumain des stations. Il est l'affection et l'avenir, la force et l'amour que nous, debout dans les rages et les ennuis, nous voyons passer dans le ciel de tempête et les drapeaux d'extase.

Il est l'amour, mesure parfaite et réinventée [1], raison merveilleuse et imprévue, et l'éternité : machine aimée des qualités fatales. Nous avons tous eu l'épouvante de sa concession et de la nôtre : ô jouissance de notre santé, élan de nos facultés, affection égoïste et passion pour lui, lui qui nous aime pour sa vie infinie...

Et nous nous le rappelons et il voyage... Et si l'Adoration s'en va, sonne, sa promesse sonne : « Arrière ces superstitions, ces anciens corps, ces ménages et ces âges. C'est cette époque-ci qui a sombré ! »

Il ne s'en ira pas, il ne redescendra pas d'un ciel [2], il n'accomplira pas la rédemption des colères de femmes et des gaîtés des hommes et de tout ce péché : car c'est fait, lui étant [3], et étant aimé.

Ô ses souffles, ses têtes, ses courses ; la terrible célérité de la perfection des formes et de l'action.

Ô fécondité de l'esprit et immensité de l'univers !

Son corps ! Le dégagement rêvé, le brisement de la grâce croisée[4] de violence nouvelle !

Sa vue, sa vue ! tous les agenouillages anciens et les peines *relevés*[5] à sa suite.

Son jour ! l'abolition de toutes souffrances sonores et mouvantes dans la musique plus intense.

Son pas ! les migrations[6] plus énormes que les anciennes invasions.

Ô lui et nous ! l'orgueil[7] plus bienveillant que les charités perdues.

Ô monde ! et le chant clair des malheurs nouveaux !

Il nous a connus tous et nous a tous aimés. Sachons, cette nuit d'hiver, de cap en cap, du pôle tumultueux au château, de la foule à la plage, de regards en regards, forces et sentiments las, le héler et le voir, et le renvoyer[8], et sous les marées et au haut des déserts de neige, suivre ses vues, ses souffles, son corps, son jour.

CORRESPONDANCE
Lettres choisies
(1873-1875)

RIMBAUD A ERNEST DELAHAYE

Laïtou[1] (Roches) (Canton d'Attigny).
Mai [18]73.

Cher ami, tu vois mon existence actuelle dans l'aquarelle ci-dessous.
Ô Nature ! ô ma mère ![2]

[*Ici, un dessin.*]

Quelle chierie ! et quels monstres d'innocince, ces paysans. Il faut, le soir, faire deux lieues, et plus, pour boire un peu. La *mother* m'a mis là dans un triste trou.

[*Autre dessin.*]

Je ne sais comment en sortir : j'en sortirai pourtant. Je regrette cet atroce Charlestown[3], l'Univers, la Bibliothè[4], etc... Je travaille pourtant assez régulièrement, je fais de petites histoires en prose, titre général : Livre païen, ou Livre nègre[5]. C'est bête et innocent. Ô innocence ! innocence ; innocence, innoc..., fléau !

Verlaine doit t'avoir donné la malheureuse commission de parlementer avec le sieur Devin, imprimeux du *Nôress*[6]. Je crois que ce Devin pourrait faire le livre de Verlaine à assez bon compte et presque proprement. (S'il n'emploie pas les caractères enmerdés[7] du *Nôress*. Il serait capable d'en coller un cliché, une annonce !)

Je n'ai rien de plus à te dire, la contemplostate[8] de la Nature m'absorculant[9] tout entier. Je suis à toi, ô Nature, ô ma mère !

Je te serre les mains, dans l'espoir d'un revoir que
j'active autant que je puis.

R.

Je rouvre ma lettre. Verlaine doit t'avoir proposé un
rendez-vol [10] au dimanche 18, à Boulion [11]. Moi je ne
puis y aller. Si tu y vas, il te chargera probablement de
quelques fraguemants en prose [12] de moi ou de lui, à
me retourner.

La mère Rimb. retournera à Charlestown dans le
courant de juin. C'est sûr, et je tâcherai de rester dans
cette jolie ville quelque temps.

Le soleil est accablant et il gèle le matin. J'ai été
avant-hier voir les Prussmars [13] à Vouziers [14], une
sous-préfecte de 10 000 âmes, à sept kilom. d'ici. Ça
m'a ragaillardi.

Je suis abominablement gêné. Pas un livre, pas un
cabaret à portée de moi, pas un incident dans la rue.
Quelle horreur que cette campagne française. Mon
sort dépend de ce livre, pour lequel une demi-
douzaine [15] d'histoires atroces sont encore à inventer.
Comment inventer des atrocités ici ! Je ne t'envoie pas
d'histoires, quoique j'en aie déjà trois, *ça coûte tant !*
Enfin voillà !

Au revoir, tu verras ça.

RIMB.

Prochainement je t'enverrai des timbres pour
m'acheter et m'envoyer le *Faust* [16] de Goethe,
Biblioth[èque] populaire [17]. Ça doit coûter un sou de
transport.

Dis-moi s'il n'y a pas des traduct. de Shakespeare [18]
dans les nouveaux livres de cette biblioth.

Si même tu peux m'en envoyer le catalogue le plus
nouveau, envoie.

R.

Monsieur Ernest Delahaye,
A Charleville.

RIMBAUD A ERNEST DELAHAYE

[*Dessin.*]

5 février [18]75.

Verlaine est arrivé ici l'autre jour, un chapelet aux pinces[1]... Trois heures après on avait renié son dieu et fait saigner les 98 plaies de N. S. Il est resté deux jours et demi fort raisonnable et sur ma remonstration s'en est retourné à Paris, pour, de suite, aller finir d'étudier *là-bas dans l'île*[2].

Je n'ai plus qu'une semaine de Wagner[3] et je regrette cette argent payant de la haine, tout ce temps foutu à rien. Le 15 j'aurai une Ein freundliches Zimmer n'importe où et je fouaille la langue avec frénésie, tant et tant que j'aurai fini dans deux mois au plus.

Tout est assez inférieur ici — j'excèpe[4] un : Riessling, dont j'en vite un ferre en vâce des gôdeaux gui l'onh fu naîdre, à ta sandé imperbédueuse[5]. Il soleille et gèle, c'est tannant.

(Après le 15, *Poste restante Stuttgart.*)

A toi.

Rimb.

[*Dessin.*]

Monsieur Ernest Delahaye,
A Charleville.

RIMBAUD A ERNEST DELAHAYE

[Charleville] 14 octobre [18]75.

Cher ami,

Reçu le Postcard[1] et la lettre de V. il y a huit jours.
Pour tout simplifier, j'ai dit à la Poste d'envoyer ses
restantes chez moi, de sorte que tu peux écrire ici, si
encore rien aux restantes. Je ne commente pas les
dernières grossièretés du Loyola[2], et je n'ai plus
d'activité à me donner de ce côté-là à présent, comme
il paraît que la 2e « portion » du « contingent » de la
« classe 74^3 » va-t-être appelée le trois novembre
« suiv^{nt} » ou prochain : la chambrée de nuit[4] :

« Rêve »

On a faim dans la chambrée —
        C'est vrai...
Émanations, explosions[5]. Un génie :
        « Je suis le Gruère ! —
Lefêbvre[6] : « Keller ! »
Le Génie : « Je suis le Brie ! —
Les soldats coupent sur leur pain :
        « C'est la vie ! —
Le Génie. — « Je suis le Roquefort !
        — « Ça s'ra not' mort !...
        — Je suis le Gruère
Et le Brie !... etc.

Valse[7]

On nous a joints, Lefêbvre et moi, etc. —

de telles préoccupations ne permettent que de s'y absorbère[8]. Cependant renvoyer obligeamment, selon les occases, les « Loyolas[9] » qui rappliqueraient.

Un petit service : veux-tu me dire précisément et concis — en quoi consiste le « bachot » « es sciences » actuel, partie classique, et mathém. etc. — Tu me dirais le point de chaque partie que l'on doit atteindre : mathém. phys. chim. etc., et alors des titres, immédiat, (et le moyen de se procurer) des livres employés dans ton collège ; par ex. pour ce « Bachot », à moins que ça ne change aux diverses universités : en tous cas, de professeurs ou d'élèves compétents, t'informer à ce point de vue que je te donne. Je tiens surtout à des choses précises, comme il s'agirait de l'achat de ces livres prochainement. Instruct[ion] militaire et « Bachot », tu vois, me feraient deux ou trois agréables saisons[10] ! Au diable d'ailleurs ce « gentil labeur[11] ». Seulement sois assez bon pour m'indiquer le plus mieux possible la façon comment on s'y met.

Ici rien de rien.

J'aime à penser que le Petdeloup[12] et les gluants pleins d'haricots patriotiques ou non[13] ne te donnent pas plus de distraction qu'il ne t'en faut. Au moins ça ne schlingue[14] pas la neige, comme ici.

A toi « dans la mesure de mes faibles forces ».

Tu écris :

A. Rimbaud.
31, rue S[ain]t-Barthélémy,
Charleville (Ardennes), va sans dire.

P.-S. — La corresp. en « passepoil[15] » arrive à ceci, que le « Némery » avait confié les journaux du Loyola à un *agent de police* pour me les porter !

Monsieur Ernest Delahaye,
A Rethel.

DERNIÈRES LETTRES
Lettres choisies
(1878-1891)

NOTICE

Si la plupart des éditions des Œuvres de Rimbaud donnent les lettres de la période dite « littéraire », en revanche, elles passent sous silence celles qu'il envoya par la suite à sa famille. C'est ainsi marquer une rupture que lui-même semble avoir consommée en s'« opérant vivant de la poésie[1] ». Il est bien évident toutefois que le Rimbaud qui s'éloigne sur la grand-route et se lance dans des aventures souvent navrantes est le même qui écrivit la damnation d'Une saison en enfer. S'il fut perdu pour la poésie, comme s'en plaignait Verlaine (« Malheureux! tous les dons...[2] »), il montra cependant à l'occasion de cette décision la même volonté infrangible qui l'avait toujours porté. Ce qu'il avait tenté par le poème, à savoir l'impossible, il semble ne pas y avoir renoncé durant ce qui lui restait à vivre et d'étranges obstinations l'entraînèrent bientôt dans une odyssée évidemment hors du commun. Verlaine, intrigué par cet « autre » Rimbaud, le confondit trop vite avec quelque « Homais » supérieur. Il est vrai que Rimbaud fut séduit par la réussite en ce bas monde, mais il y déploya une énergie si contradictoire qu'elle n'eut

---

1. Mallarmé, « Arthur Rimbaud », première publication dans *The Chap Book*, 15 mai 1886. Repris dans *Divagations*, 1897.
2. « Malheureux! tous les dons... » Poème dans *Sagesse*, III. L'exemplaire de *Sagesse* du comte Kessler porte cette mention autographe : « A propos d'Arthur Rimbaud, Arras, septembre ou octobre 1875. Après coup, je me suis aperçu que cela pouvait s'appliquer à " poor myself " ! »

pour résultat que de hâter sa perte. Cependant, le ton des lettres banales que, durant sa nouvelle existence, il enverra à sa sœur et à sa mère ne trompe pas. S'y trouvent exprimés le plus clairement et le plus durement ce que les poèmes antérieurs avaient du moins l'audace de sublimer : misère, solitude foncière, soif et faim, sens épuisant de la marche, et la confirmation que l'enfer appartient bien aux heures d'ici-bas.

Il n'est pas nécessaire d'interpréter ces lettres ; elles établissent sans détour sur quel désespoir (subjectif ? objectif ?) était fondée sa poésie. La dernière correspondance de Rimbaud replonge dans ce réel — auquel il voulait déjà revenir dans Une saison en enfer, *car il croyait alors que l'enfer consistait surtout dans les hallucinations multiples dont il s'était enchanté. Or il devait apprendre que l'enfer était bien ce monde même auquel on ne saurait se soustraire qu'en se niant.*

« Aussi, ce qui nous étonne — affirme Maurice Blanchot —, n'est-ce pas la mauvaise qualité de ses lettres, mais au contraire le ton à jamais entêté, furieux, sans détour et sans retour, qui, à travers les fatigues du travail et les reniements de toutes sortes jusque sur son lit de mort, continue en lui à perpétuer Rimbaud[3]. *» Parmi ces lettres, il m'a fallu choisir, beaucoup se bornant à n'être que de simples relations pour informer sa famille (sans compter la correspondance commerciale, n'ayant d'intérêt que si l'on souhaite mieux connaître les comptes et les projets d'un négociant avisé). Je n'ai donc retenu que celles où, par lassitude, il laisse échapper non quelque confidence, mais un râle d'ennui, un souffle de haine. Et je n'ai pas éliminé les toutes dernières, bien qu'elles aient donné lieu au mythe du poète converti. Mais ce Rimbaud infirme, impuissant, alors qu'il s'était rêvé « mage ou ange », propose un accomplissement. Il est désormais inséparable de l'autre. Les spécialistes de la littérature ont souvent coupé Rimbaud de lui-même, en ne lui laissant que son texte, son « corpus ». Cependant que d'autres, acharnés à confondre poème et vie, n'ont vu en lui qu'un*

---

3. Maurice Blanchot, « Le sommeil de Rimbaud » dans *La Part du feu*, Gallimard, 1949, p. 159.

corps forgeant à l'occasion quelques œuvres. Autre mutilation, autre opération réductrice [4]. *Mais entendez la soif de Rimbaud (le désert et la mer) ou percevez le débat qui en lui se joua entre l'action et l'oisiveté, la force et l'anéantissement — et vous comprendrez la nécessité que signait son nom. Jusqu'à la dernière ligne écrite (ou dictée) assurant que s'achevait là un corps lié à la lettre par le contrat tacite, mais impérieux du dépassement.*

4. Si, pour Victor Segalen, « l'énergie totale de Rimbaud se dispersa prématurément en deux essors divergents » (voir « Le double Rimbaud », *Mercure de France*, 15 avril 1906), des écrivains comme Alain Borer (*Rimbaud en Abyssinie*, 1985) et Gérard Macé (*Ex libris : Nerval, Corbière, Rimbaud, Mallarmé, Segalen*, Gallimard, 1980) n'ont pas vu de rupture réelle entre le Rimbaud européen et le Rimbaud africain et ont attiré l'attention sur l'accent de certaines lettres des dernières années.

RIMBAUD AUX SIENS

Gênes, le dimanche 17 novembre [18]78.

Chers amis,

J'arrive ce matin à Gênes, et reçois vos lettres. Un passage pour l'Égypte se paie en or, de sorte qu'il n'y a aucun bénéfice. Je pars lundi 19, à 9 heures du soir. On arrive à la fin du mois.

Quant à la façon dont je suis arrivé ici, elle a été accidentée et rafraîchie de temps en temps par la saison. Sur la ligne droite des Ardennes en Suisse, voulant rejoindre, de Remiremont, la coresp[ondance] allemande à Wesserling[1], il m'a fallu passer les Vosges ; d'abord en diligence, puis à pied, aucune diligence ne pouvant plus circuler, dans cinquante centimètres de neige en moyenne et par une tourmente signalée. Mais l'exploit prévu était le passage du Gothard, qu'on ne passe plus en voiture à cette saison, et que je ne pouvais passer en voiture.

A Altdorf, à la pointe méridionale du lac des Quatre-Cantons qu'on a côtoyé en vapeur, commence la route du Gothard. A Amsteg, à une quinzaine de kilomètres d'Altdorf, la route commence à grimper et à tourner selon le caractère alpestre. Plus de vallées, on ne fait plus que dominer des précipices, par-dessus les bornes décamétriques de la route. Avant d'arriver à Andermatt, on passe un endroit d'une horreur remarquable, dit le Pont-du-Diable, — moins beau pourtant que la Via Mala du Splügen[2], que vous avez en gravure. A Göschenen, un village devenu bourg par l'affluence des ouvriers, on voit au fond de la gorge l'ouverture du fameux tunnel[3], les ateliers et les cantines de l'entreprise. D'ailleurs, tout ce pays d'aspect si féroce est fort travaillé et travaillant. Si l'on ne voit pas de batteuses à vapeur dans la gorge, on entend un peu partout la scie et la pioche sur la hauteur invisible. Il va sans dire que l'industrie du pays se montre surtout en morceaux de bois. Il y a beaucoup de fouilles minières. Les aubergistes vous offrent des spécimens minéraux plus ou moins curieux, que le diable, dit-on, vient acheter au sommet des collines et va revendre en ville.

Puis commence la vraie montée, à Hospenthal, je crois : d'abord presque une escalade, par les traverses, puis des plateaux ou simplement la route des voitures. Car il faut bien se figurer que l'on ne peut suivre tout le temps celle-ci, qui ne monte qu'en zig-zags ou terrasses fort douces, ce qui mettrait un temps infini, quand il n'y a à pic que 4 900 d'élévation, pour chaque face, et même moins de 4 900, vu l'élévation du voisinage. On ne monte non plus à pic, on suit des montées habituelles, sinon frayées. Les gens non habitués au spectacle des montagnes apprennent aussi qu'une montagne peut avoir des pics, mais qu'un pic n'est pas la montagne. Le sommet du Gothard a donc plusieurs kilomètres de superficie.

La route, qui n'a guère que six mètres de largeur, est comblée tout le long à droite par une chute de neige de près de deux mètres de hauteur, qui, à chaque instant, allonge sur la route une barre d'un mètre de haut qu'il faut fendre sous une atroce tourmente de grésil. Voici ! plus une ombre dessus, dessous ni autour, quoique nous soyons entourés d'objets énormes ; plus de route, de précipices, de gorge ni de ciel : rien que du blanc à songer, à toucher, à voir ou ne pas voir, car impossible de lever les yeux de l'embêtement blanc qu'on croit être le milieu du sentier. Impossible de lever le nez à une bise aussi carabinante, les cils et la moustache en stala[c]tites, l'oreille déchirée, le cou gonflé. Sans l'ombre qu'on est soi-même, et sans les poteaux du télégraphe, qui suivent la route supposée, on serait aussi embarrassé qu'un pierrot dans un four[4].

Voici à fendre plus d'un mètre de haut, sur un kilomètre de long. On ne voit plus ses genoux de longtemps. C'est échauffant. Haletants, car en une demi-heure la tourmente peut nous ensevelir sans trop d'efforts, on s'encourage par des cris, (on ne monte jamais tout seul, mais par bandes). Enfin voici une cantonnière[5] : on y paie le bol d'eau salée 1,50. En route. Mais le vent s'enrage, la route se comble visiblement. Voici un convoi de traîneaux, un cheval tombé moitié enseveli. Mais la route se perd. De quel côté des poteaux est-ce ? (Il n'y a de poteaux que d'un côté.) On dévie, on plonge jusqu'aux côtes, jusque sous les bras... Une ombre pâle derrière une tranchée : c'est l'hospice du Gothard, établissement civil et hospitalier, vilaine bâtisse de sapin et [de] pierres ; un clocheton. A la sonnette, un jeune homme louche vous reçoit ; on monte dans une salle basse et malpropre où on vous régale de droit de pain et fromage, soupe et goutte. On voit les beaux gros chiens jaunes à l'histoire connue. Bientôt arrivent à moitié morts les retardataires de la montagne. Le soir on est une trentaine, qu'on distribue, après la soupe, sur des paillasses dures et sous des couvertures insuffisantes. La nuit, on entend les hôtes exhaler en cantiques sacrés leur plaisir de voler un jour de plus les gouvernements qui subventionnent leur cahute.

Au matin, après le pain-fromage-goutte, raffermis par cette hospitalité gratuite qu'on peut prolonger aussi longtemps que la tempête le permet, on sort : ce matin, au soleil, la montagne est merveilleuse : plus de vent, toute descente, par les traverses, avec des sauts, des dégringolades kilométriques qui vous font arriver à Airolo, l'autre côté du tunnel, où la route reprend le caractère alpestre, circulaire et engorgé, mais descendant. C'est le Tessin.

La route est en neige jusqu'à plus de trente kilomètres du Gothard. A trente k[ilomètres] seulement, à Giornico, la vallée s'élargit un peu. Quelques berceaux de vignes et quelques bouts de prés qu'on fume soigneusement avec des feuilles et autres détritus de sapin qui ont dû servir de litière. Sur la route défilent chèvres, bœufs et vaches gris, cochons noirs. A Bellinzona, il y a un fort marché de ces bestiaux. A Lugano, à vingt lieues du Gothard, on prend le train et on va de l'agréable lac de Lugano à l'agréable lac de Como. Ensuite, trajet connu.

Je suis tout à vous, je vous remercie et dans une vingtaine de jours vous aurez une lettre.

Votre ami.

RIMBAUD AUX SIENS

Aden, 25 août 1880.

Chers amis,

Il me semble que j'avais posté dernièrement une lettre pour vous, contant comme j'avais malheureusement dû quitter Chypre et comment j'étais arrivé ici après avoir roulé la mer Rouge.

Ici, je suis dans un bureau de marchand de café. L'agent de la Compagnie est un général en retraite [1]. On fait passablement d'affaires, et on va faire beaucoup plus. Moi, je ne gagne pas beaucoup, ça ne fait pas plus de six francs par jour [2] ; mais si je reste ici, et il faut bien que j'y reste, car c'est trop éloigné de partout pour qu'on ne reste pas plusieurs mois avant de seulement gagner quelques centaines de francs pour s'en aller en cas de besoin, si je reste, je crois que l'on me donnera un poste de confiance, peut-être une agence dans une autre ville, et ainsi je pourrais gagner quelque chose un peu plus vite.

Aden [3] est un roc affreux, sans un seul brin d'herbe ni une goutte d'eau bonne : on boit l'eau de mer distillée. La chaleur y est excessive, surtout en juin et septembre qui sont les deux canicules. La température constante, nuit et jour, d'un bureau très frais et très ventilé est de 35 degrés. Tout est très cher et ainsi de suite. Mais, il n'y a pas [4] : je suis comme prisonnier ici

et, assurément, il me faudra y rester au moins trois
mois avant d'être un peu sur mes jambes ou d'avoir un
meilleur emploi.

Et à la maison ? La moisson est finie ?

Contez-moi vos nouvelles.

ARTHUR RIMBAUD.

RIMBAUD AUX SIENS

Harar, 13 décembre 1880.

Chers amis,

Je suis arrivé dans ce pays après vingt jours de cheval à travers le désert Somali. Harar est une ville colonisée par les Égyptiens et dépendant de leur gouvernement. La garnison est de plusieurs milliers d'hommes. Ici se trouve[nt] notre agence et nos magasins. Les produits marchands du pays sont le café, l'ivoire, les peaux, etc. Le pays est élevé, mais non infertile. Le climat est frais et non malsain. On importe ici toutes marchandises d'Europe, par chameaux. Il y a, d'ailleurs, beaucoup à faire dans le pays. Nous n'avons pas de poste régulière ici. Nous sommes forcés d'envoyer notre courrier à Aden, par rares occasions. Ceci ne vous arrivera donc pas d'ici longtemps. Je compte que vous avez reçu ces *100 francs*, que je vous ai fait envoyer par la maison de Lyon, et que vous avez trouvé moyen de me mettre en route les objets[1] que j'ai demandés. J'ignore cependant quand je les recevrai.

Je suis ici dans les Gallas[2]. Je pense que j'aurai à aller plus en avant prochainement. Je vous prie de me faire parvenir de vos nouvelles le plus fréquemment possible. J'espère que vos affaires vont bien et que vous vous portez bien. Je trouverai moyen d'écrire encore prochainement. Adressez vos lettres ou envois ainsi :

M. Dubar, agent général à Aden.
Pour M. Rimbaud, Harar.

RIMBAUD AUX SIENS

Harar, 25 mai 1881.

Chers amis,

Chère maman, je reçois ta lettre du 5 mai. Je suis heureux de savoir que ta santé s'est remise et que tu peux rester en repos. A ton âge, il serait malheureux d'être obligé de travailler. Hélas ! moi, je ne tiens pas du tout à la vie ; et si je vis, je suis habitué à vivre de fatigue ; mais si je suis forcé de continuer à me fatiguer comme à présent, et à me nourrir de chagrins aussi véhéments qu'absurdes dans ces climats atroces, je crains d'abréger mon existence.

Je suis toujours ici aux mêmes conditions, et, dans trois mois, je pourrais vous envoyer 5 000 francs d'économies [1] ; mais je crois que je les garderai pour commencer quelque petite affaire à mon compte dans ces parages, car je n'ai pas l'intention de passer toute mon existence dans l'esclavage.

Enfin, puissions-nous jouir de quelques années de vrai repos dans cette vie ; et heureusement que cette vie est la seule, et que cela est évident, puisqu'on ne peut s'imaginer une autre vie avec un ennui plus grand que celle-ci !

Tout à vous,

RIMBAUD.

RIMBAUD AUX SIENS

Mazeran, Viannay et Bardey,
Lyon-Marseille-Aden.
Harar, le 6 mai 1883.

Mes chers amis,

Le 30 avril, j'ai reçu au Harar votre lettre du 26 mars.

Vous dites m'avoir envoyé deux caisses de livres. J'ai reçu une seule caisse à Aden, celle pour laquelle Dubar disait avoir épargné vingt-cinq francs. L'autre est probablement arrivée à Aden, à présent, avec le graphomètre. Car je vous avais envoyé, avant de partir d'Aden, un chèque de 100 francs avec une autre liste de livres. Vous devez avoir touché ce chèque ; et, les livres, vous les avez probab[leme]nt achetés. Enfin, à présent, je ne suis plus au courant des dates. Prochainement, je vous enverrai un autre chèque de 200 francs, car il faudra que je fasse revenir des glaces pour la photographie [1].

Cette commission a été bien faite ; et, si je veux, je regagnerai vite les 2 000 francs que ça m'a coûté. Tout le monde veut se faire photographier ici ; même on offre une guinée par photographie. Je ne suis pas encore bien installé, ni au courant ; mais je le serai vite, et je vous enverrai des choses curieuses.

Ci-inclus deux photographies de moi-même par moi-même. Je suis toujours mieux ici qu'à Aden. Il y a moins de travail et bien plus d'air, de verdure, etc...

J'ai renouvelé mon contrat[2] pour trois ans ici, mais je crois que l'établissement fermera bientôt, les bénéfices ne couvrent pas les frais. Enfin, il est conclu que le jour qu'on me renverra, on me donnera trois mois d'appointements d'indemnité. A la fin de cette année-ci, j'aurai trois ans complets dans cette boîte.

Isabelle a bien tort de ne pas se marier si quelqu'un de sérieux et d'instruit se présente, quelqu'un avec un avenir. La vie est comme cela, et la solitude est une mauvaise chose ici-bas. Pour moi, je regrette de ne pas être marié et avoir une famille. Mais, à présent, je suis condamné à errer, attaché à une entreprise lointaine, et tous les jours je perds le goût pour le climat et les manières de vivre et même la langue de l'Europe. Hélas ! à quoi servent ces allées et venues, et ces fatigues et ces aventures chez des races étranges, et ces langues dont on se remplit la mémoire, et ces peines sans nom, si je ne dois pas un jour, après quelques années, pouvoir me reposer dans un endroit qui me plaise à peu près et trouver une famille, et avoir au moins un fils que je passe le reste de ma vie à élever à mon idée, à orner et à armer de l'instruction la plus complète qu'on puisse atteindre à cette époque, et que je voie devenir un ingénieur renommé, un homme puissant et riche par la science ? Mais qui sait combien peuvent durer mes jours dans ces montagnes-ci ? Et je puis disparaître, au milieu de ces peuplades, sans que la nouvelle en ressorte jamais.

Vous me parlez des nouvelles politiques[3]. Si vous saviez comme ça m'est indifférent ! Plus de deux ans que je n'ai pas touché un journal. Tous ces débats me sont incompréhensibles, à présent. Comme les musulmans, je sais que ce qui arrive arrive, et c'est tout.

La seule chose qui m'intéresse, [ce] sont les nouvelles de la maison et je suis toujours heureux à me reposer sur le tableau de votre travail pastoral. C'est dommage qu'il fasse si froid et lugubre chez vous, en hiver ! Mais vous êtes au printemps, à présent, et votre climat, à ce temps-ci, correspond avec celui que j'ai ici, au Harar, à présent.

Ces photographies me représentent, l'une, debout

sur une terrasse de la maison, l'autre, debout dans un jardin de café ; une autre, les bras croisés dans un jardin de bananes. Tout cela est devenu blanc, à cause des mauvaises eaux qui me servent à laver. Mais je vais faire de meilleur travail dans la suite. Ceci est seulement pour rappeler ma figure, et vous donner une idée des paysages d'ici.

Au revoir,

RIMBAUD.

Maison Mazeran, Viannay et Bardey,
Aden.

RIMBAUD AUX SIENS

Le Caire, 23 août 1887.

Mes chers amis,

Mon voyage en Abyssinie s'est terminé.

Je vous ai déjà expliqué comme quoi, mon associé[1] étant mort, j'ai eu de grandes difficultés au Choa, à propos de sa succession. On m'a fait payer deux fois ses dettes et j'ai eu une peine terrible à sauver ce que j'avais mis dans l'affaire. Si mon associé n'était pas mort, j'aurais gagné une trentaine de mille francs; tandis que je me retrouve avec les quinze mille que j'avais, après m'être fatigué d'une manière horrible pendant près de deux ans. Je n'ai pas de chance!

Je suis venu ici parce que les chaleurs étaient épouvantables cette année, dans la mer Rouge : tout le temps 50 à 60 degrés; et, me trouvant très affaibli, après sept années de fatigues qu'on ne peut s'imaginer et des privations les plus abominables, j'ai pensé que deux ou trois mois ici me remettraient; mais c'est encore des frais, car je ne trouve rien à faire ici, et la vie est à l'européenne et assez chère.

Je me trouve tourmenté ces jours-ci par un rhumatisme dans les reins, qui me fait damner; j'en ai un autre dans la cuisse gauche qui me paralyse de temps à autre, une douleur articulaire dans le genou gauche, un rhumatisme (déjà ancien) dans l'épaule droite; j'ai les cheveux absolument gris. Je me figure que mon existence périclite.

Figurez-vous comment on doit se porter, après des exploits du genre des suivants : traversées de mer et voyages de terre à cheval, en barque, sans vêtements, sans vivres, sans eau, etc., etc.

Je suis excessivement fatigué. Je n'ai pas d'emploi à présent. J'ai peur de perdre le peu que j'ai. Figurez-vous que je porte continuellement dans ma ceinture seize mille et quelques cents francs d'or ; ça pèse une huitaine de kilos et ça me flanque la dysenterie.

Pourtant, je ne puis aller en Europe, pour bien des raisons ; d'abord, je mourrais en hiver ; ensuite, je suis trop habitué à la vie errante et gratuite ; enfin, je n'ai pas de position.

Je dois donc passer le reste de mes jours errant dans les fatigues et les privations, avec l'unique perspective de mourir à la peine.

Je ne resterai pas longtemps ici : je n'ai pas d'emploi et tout est trop cher. Par force, je devrai m'en retourner du côté du Soudan, de l'Abyssinie ou de l'Arabie. Peut-être irai-je à Zanzibar, d'où on peut faire de longs voyages en Afrique, et peut-être en Chine, au Japon, qui sait où ?

Enfin, envoyez-moi de vos nouvelles. Je vous souhaite paix et bonheur.

Bien à vous.

Adresse : ARTHUR RIMBAUD,
poste restante, au Caire (Égypte).

RIMBAUD A SA MÈRE

Harar, le 20 février 1891.

Ma chère maman,

J'ai bien reçu ta lettre du 5 janvier.

Je vois que tout va bien chez vous, sauf le froid qui, d'après ce que je lis dans les journaux, est excessif par toute l'Europe.

Je vais mal à présent. Du moins, j'ai à la jambe droite des varices qui me font souffrir beaucoup. Voilà ce qu'on gagne à peiner dans ces tristes pays ! Et ces varices sont compliquées de rhumatisme. Il ne fait pourtant pas froid ici ; mais c'est le climat qui cause cela. Il y a aujourd'hui quinze nuits que je n'ai pas fermé l'œil une minute, à cause de ces douleurs dans cette maudite jambe. Je m'en irais bien, et je crois que la grande chaleur d'Aden me ferait du bien, mais on me doit beaucoup d'argent et je ne puis m'en aller, parce que je le perdrais. J'ai demandé à Aden un bas pour varices, mais je doute que cela se trouve.

Fais-moi donc ce plaisir : achète-moi un bas pour varices, pour une jambe longue et sèche — (le pied est n° 41 pour la chaussure). Il faut que ce bas monte par-dessus le genou, car il y a une varice au-dessus du jarret. Les bas pour varices sont en coton, ou en soie tissée avec des fils d'élastique qui maintiennent les veines gonflées. Ceux en soie sont les meilleurs, les plus solides. Cela ne coûte pas cher, je crois. D'ailleurs, je te rembourserai.

En attendant, je tiens la jambe bandée.

Adresser cela bien empaqueté, par la poste, à M. Tian, à Aden, qui me fera parvenir à la première occasion.

Ces bas pour varices se trouvent peut-être à Vouziers. En tout cas, le médecin de la maison peut en faire venir un bon, de n'importe où.

Cette infirmité m'a été causée par de trop grands efforts à cheval, et aussi par des marches fatigantes. Car nous avons dans ces pays un dédale de montagnes abruptes, où l'on ne peut même se tenir à cheval. Tout cela sans routes et même sans sentiers.

Les varices n'ont rien de dangereux pour la santé, mais elles interdisent tout exercice violent. C'est un grand ennui, parce que les varices produisent des plaies, si l'on ne porte pas le bas pour varices ; et encore ! les jambes nerveuses ne supportent pas volontiers ce bas, surtout la nuit. Avec cela, j'ai une douleur rhumatismale dans ce maudit genou droit, qui me torture, me prenant seulement la nuit ! Et il faut se figurer qu'en cette saison, qui est l'hiver de ce pays, nous n'avons jamais moins de 10 degrés au-dessus de zéro (non pas en dessous). Mais il règne des vents secs, qui sont très insalubres pour les blancs en général. Même des Européens, jeunes, de vingt-cinq à trente ans, sont atteints de rhumatismes, après deux ou trois ans de séjour !

La mauvaise nourriture, le logement malsain, le vêtement trop léger, les soucis de toutes sortes, l'ennui, la rage continuelle au milieu de nègres aussi bêtes que canailles, tout cela agit très profondément sur le moral et la santé, en très peu de temps. Une année ici en vaut cinq ailleurs. On vieillit très vite, ici, comme dans tout le Soudan.

Par votre réponse, fixez-moi donc sur ma situation par rapport au service militaire [1]. Ai-je à faire quelque service ? Assurez-vous-en, et répondez-moi.

RIMBAUD.

RIMBAUD A SA MÈRE ET A SA SŒUR

Marseille, [jeudi 21 mai 1891].

Ma chère maman, ma chère sœur,

Après des souffrances terribles, ne pouvant me faire soigner à Aden, j'ai pris le bateau des Messageries pour rentrer en France.

Je suis arrivé hier, après treize jours de douleurs. Me trouvant par trop faible à l'arrivée ici, et saisi par le froid, j'ai dû entrer ici à *l'hôpital de la Conception*, où je paie dix f[ran]cs par jour, docteur compris.

Je suis très mal, très mal, je suis réduit à l'état de squelette par cette maladie de ma jambe gauche[1] qui est devenue à présent énorme et ressemble à une énorme citrouille. C'est une synovite, une hydarthrose[2], etc., une maladie de l'articulation et des os.

Cela doit durer très longtemps, si des complications n'obligent pas à couper la jambe. En tout cas, j'en resterai estropié. Mais je doute que j'attende. La vie m'est devenue impossible. Que je suis donc malheureux ! Que je suis donc devenu malheureux !

J'ai à toucher ici une traite de f[ran]cs 36 800[3] sur le Comptoir national d'Escompte de Paris. Mais je n'ai personne pour s'occuper de placer cet argent. Pour moi, je ne puis faire un seul pas hors du lit. Je n'ai pas encore pu toucher l'argent. Que faire. Quelle triste vie ! Ne pouvez-vous m'aider en rien ?

RIMBAUD.
Hôpital de la Conception.
Marseille.

RIMBAUD A SA SŒUR ISABELLE

Marseille, le 10 juillet 1891.

Ma chère sœur,

J'ai bien reçu tes lettres des 4 et 8 juillet. Je suis heureux que ma situation[1] soit enfin déclarée nette. Quant au livret, je l'ai en effet perdu dans mes voyages. Quand je pourrai circuler je verrai si je dois prendre mon congé ici ou ailleurs. Mais si c'est à Marseille, je crois qu'il me faudrait en mains la réponse autographe de l'intendance. Il vaut donc mieux que j'aie en mains cette déclaration, *envoyez-la-moi*. Avec cela personne ne m'approchera. Je garde aussi le certificat de l'hôpital et *avec ces deux pièces* je pourrai obtenir mon congé ici.

Je suis toujours levé, mais je ne vais pas bien. Jusqu'ici je n'ai encore appris à marcher qu'avec des béquilles, et encore il m'est impossible de monter ou descendre une seule marche. Dans ce cas on est obligé de me descendre ou monter à bras le corps. Je me suis fait faire une jambe de bois très légère, vernie et rembourrée, fort bien faite (prix 50 francs). Je l'ai mise il y a quelques jours et ai essayé de me traîner en me soulevant encore sur des béquilles, mais je me suis enflammé le moignon et ai laissé l'instrument maudit de côté. Je ne pourrai guère m'en servir avant quinze ou vingt jours, et encore avec des béquilles pendant au moins un mois, et pas plus d'une heure ou deux par jour. Le seul avantage est d'avoir trois points d'appui au lieu de deux.

Je recommence donc à béquiller. Quel ennui, quelle fatigue, quelle tristesse en pensant à tous mes anciens voyages, et comme j'étais actif il y a seulement cinq mois ! Où sont les courses à travers monts, les cavalcades, les promenades, les déserts, les rivières et les mers ? Et à présent l'existence de *cul-de-jatte !* Car je commence à comprendre que les béquilles, jambes de bois et jambes mécaniques sont un tas de blagues et qu'on n'arrive avec tout cela qu'à se traîner misérablement sans pouvoir jamais rien faire. Et moi qui justement avais décidé de rentrer en France cet été pour me marier ! Adieu mariage, adieu famille, adieu avenir ! Ma vie est passée, je ne suis plus qu'un tronçon immobile.

Je suis loin encore avant de pouvoir circuler même dans la jambe de bois, qui est cependant ce qu'il y a de plus léger. Je compte au moins encore quatre mois pour pouvoir faire seulement q[uel]ques marches dans la jambe de bois avec le seul soutien d'un bâton. Ce qui est très difficile, c'est de monter ou de descendre. Dans six mois seulement je pourrai essayer une jambe mécanique et avec beaucoup de peine sans utilité. La grande difficulté est d'être amputé haut. D'abord les névralgies ultérieures à l'amputation sont d'autant plus violentes et persistantes qu'un membre a été amputé haut. Ainsi, les désarticulés du genou supportent beaucoup plus vite un appareil. Mais peu importe à présent tout cela ; peu importe la vie même !

Il ne fait guère plus frais ici qu'en Égypte. Nous avons à midi de 30 à 35, et la nuit de 25 à 30. — La température du Harar est donc plus agréable, surtout la nuit, qui ne dépasse pas 10 à 15.

Je ne puis vous dire ce que je ferai, je suis encore *trop bas* pour le savoir moi-même. Ça ne va pas bien, je le répète. Je crains fort quelque accident. J'ai mon bout de jambe beaucoup plus épais que l'autre, et plein de névralgies. Le médecin naturellement ne me voit plus ; parce que, pour le médecin, il suffit que la plaie soit cicatrisée pour qu'il vous lâche. Il vous dit

que vous êtes guéri. Il ne se préoccupe de vous que
lorsqu'il vous sort des abcès, etc., etc., ou qu'il se
produit d'autres complications nécessitant q[uel]ques
coups de couteau. Ils ne considèrent les malades que
comme des sujets d'expériences. On le sait bien.
Surtout dans les hôpitaux, car le médecin n'y est pas
payé. Il ne recherche ce poste que pour s'attirer une
réputation et une clientèle.

Je voudrais bien rentrer chez vous, parce qu'il y fait
frais, mais je pense qu'il n'y a guère là de terrains
propres à mes exercices acrobatiques. Ensuite j'ai peur
que de frais il n'y fasse froid. Mais la première raison
est *que je ne puis me mouvoir;* je ne le puis, je ne le
pourrai avant longtemps, — et, pour dire la vérité, je
ne me crois même pas guéri intérieurement et je
m'attends à q[uel]que explosion... Il faudrait me
porter en wagon, me descendre, etc., etc., c'est trop
d'ennuis, de frais et de fatigue. J'ai ma chambre payée
jusqu'à fin juillet; je réfléchirai et *verrai ce que je puis
faire* dans l'intervalle.

Jusque-là j'aime mieux croire que cela ira mieux
comme vous voulez bien me le faire croire; — si
stupide que soit son existence, l'homme s'y rattache
toujours.

Envoyez-moi la lettre de l'intendance. Il y a juste-
ment à table avec moi un inspecteur de police malade
qui m'embêtait toujours avec ces histoires de service et
s'apprêtait à me jouer quelque tour.

Excusez-moi du dérangement, je vous remercie, je
vous souhaite bonne chance et bonne santé.

Écrivez-moi.

Bien à vous.

                                        RIMBAUD.

Mademoiselle Isabelle Rimbaud,
à Roche, canton d'Attigny
Ardennes (France).

RIMBAUD AU DIRECTEUR
DES MESSAGERIES MARITIMES

Marseille, 9 novembre 1891.

UN LOT[1] : UNE DENT SEULE.
UN LOT : DEUX DENTS.
UN LOT : TROIS DENTS.
UN LOT : QUATRE DENTS.
UN LOT : DEUX DENTS.

Monsieur le Directeur,

Je viens vous demander si je n'ai rien laissé à votre
compte. Je désire changer aujourd'hui de ce service-
ci, dont je ne connais même pas le nom, mais en tout
cas que ce soit le service d'Aphinar. Tous ces services
sont là partout, et moi, impotent, malheureux, je ne
peux rien trouver, le premier chien dans la rue vous
dira cela.

Envoyez-moi donc le prix des services d'Aphinar à
Suez. Je suis complètement paralysé : donc je désire
me trouver de bonne heure à bord. Dites-moi à quelle
heure je dois être transporté à bord...

NOTES

ILLUMINATIONS

APRÈS LE DÉLUGE   p. 53

Ms. B.N., n.a.fr. 14123, f° 1

Le classement fait par Félix Fénéon explique que l'on ait donné à
ce texte une importance inaugurale. Rien n'assure toutefois qu'il ait
eu cette valeur d' « ouverture ». Mais il est vrai que son mouvement
se retrouve dans plusieurs *Illuminations* et qu'il correspond chez
Rimbaud à la rage de lutter contre les habitudes et de détruire ce
monde-ci. On a souvent perçu dans ce poème une inspiration venant
de l'esprit communard. Après les grandes innovations de la
Commune, tout n'était-il pas redevenu comme avant ? Une telle
interprétation convient, mais elle a ses limites. La façon supérieure
dont Rimbaud passe au mythe interdit toute identification trop
précise.

Commentaire : Yves Denis, « *Après le Déluge* », *Les Temps modernes*,
1968, p. 1261-1276 et p. 1878-1887.

1. *l'idée du Déluge* diffère des « Déluges » de la fin du texte. Le
raz de marée final, nous n'en avons eu jusqu'à maintenant que
l'idée. J'ai pris le parti de restituer « après » écrit au-dessus de
« Aussitôt » dans le manuscrit. Cette addition supralinéaire, bien
qu'elle soit biffée, n'a vraisemblablement pas été supprimée par
Rimbaud. Ma restitution suit en cela l'édition Guyaux (La Baconn-
ière, 1985).

2. *les « mazagrans »* : Café froid auquel on ajoute de l'eau. Cette
boisson a reçu ce nom pendant la conquête de l'Algérie, en 1840,
lors de la bataille de Mazagran.

3. *Eucharis :* L'une des compagnes de Calypso dans les *Aventures
de Télémaque* de Fénelon mais également la femme célébrée par
Antoine Bertin dans ses *Élégies* (1782). Ce mot grec signifie « pleine

de grâce ». Avec le retour d'Eucharis, Rimbaud voit se reconstituer « la belle poésie », celle des idylles dont il s'était moqué dans *Mes Petites amoureuses* (après y avoir consenti dans ses premiers poèmes). La réapparition d'Eucharis marque un comble et provoque l'appel conjuratoire du poète féroce.

4. *la Sorcière* : On a, bien entendu, songé ici à une réminiscence du livre de Jules Michelet portant ce titre (1862). Mais cette mère qui détient le feu du savoir réclamerait, bien davantage, une interprétation psychanalytique. Opposée à la trop charmante Eucharis, la Reine connaît évidemment le secret des générations. Le locuteur (qui se généralise alors en « nous ») reste devant elle comme un enfant fragile.

ENFANCE   p. 55

Ms. B.N., n.a.fr. 14123, f⁰ˢ 2-5.

Cet ensemble de cinq textes présente des images variables de l'enfance, qu'elle soit celle de Rimbaud ou de tout individu. La première personne n'apparaît que dans les textes chiffrés IV et V. Il n'existe pas de progression évidente du premier au dernier poème.

I   p. 55

On voit ici différentes femmes, d'abord isolées : l'idole, la fille à lèvre d'orange ; puis groupées. Le principe de séries et d'énumérations, qui sera repris dans de nombreux poèmes, inspire le développement du texte.

La dernière phrase, qui prend valeur d'explication dissimulée, intrigue par les mots guillemetés « cher corps » et « cher cœur » qui citent vraisemblablement un vers du *Balcon* de Baudelaire (*Les Fleurs du Mal*, éd. 1861, XXXVI) : « Ailleurs qu'en ton cher corps et qu'en ton cœur si doux » et peut-être « Hippolyte, cher cœur [...] » des *Femmes damnées* (dans les *Pièces condamnées* des *Fleurs du Mal*). Certains y ont vu un rejet du monde féminin, déjà raillé dans les *Poésies*. La fin d'*Ouvriers* (voir dans le présent volume p. 73) congédie de la même façon une *chère image*.

II   p. 55

Cette « illumination » affirme du même trait la présence et l'absence. Selon une logique de l'effacement progressif, Rimbaud nous entraîne vers une zone de vacuité. La fin du texte atteint cependant un lieu fabuleux, comme si les absences du réel, affichées au début du poème, menaient vers la présence accrue de l'imaginaire.

Les commentateurs se sont laborieusement acharnés à identifier les différents personnages qui traversent *Enfance II*. Rimbaud cependant affirme bien un retrait du réel : « L'écluse est levée. » La phrase « D'ailleurs il n'y a rien à voir là-dedans » (scrupuleusement commentée par Jean-Marie Gleize, *Revue des Sciences humaines*, 1984, n⁰ 1, p. 33-37) donne sans doute un conseil de lecture, à condition de bien comprendre que Rimbaud ne congédie pas abruptement le sens, mais qu'il dérive la compréhension vers une vision énergétique.

III   p. 56

Le module du texte, assez semblable à une comptine, est donné par un « Il y a », très différent à vrai dire de celui qui régule le poème portant ce titre dans *Calligrammes* d'Apollinaire (pour une comparaison des deux textes, voir C. A. Hackett, « Rimbaud et Apollinaire, quelques différences » dans *Lectures de Rimbaud, Revue de l'Université de Bruxelles*, 1982, nᵒˢ 1-2, p. 215-230). Chaque verset donne à voir ici sur un monde enfantin resongé.

IV   p. 56

Premier texte de cette série où le « je » prend la parole, cette quatrième « Enfance » décline les identités d'un même individu mystérieux qui semble avoir eu pour lui seul plusieurs vies — comme il est dit dans *Une saison en enfer* : « A chaque être, plusieurs *autres* vies me semblaient dues. »

A considérer les différents personnages qu'endosse le locuteur (Rimbaud ?), on constate sa fidélité à certaines images de lui-même. Il fut en effet un lecteur assoiffé de savoir à la Bibliothèque de Charleville, un piéton bohémien ou même un enfant abandonné près de « la haute mer ». Plus surprenante assurément paraît son identité de saint (mais nous le voyons ailleurs, dans *Jeunesse* (IV), songer à la « tentation d'Antoine »). Le dernier paragraphe, assez comparable à *Enfance II*, introduit de nouveau dans une sorte de no man's land.

V   p. 57

Comme certains poètes, Rimbaud construit par les mots son propre tombeau qui n'est plus alors un lieu d'ensevelissement inconscient, mais un endroit de rêverie pure où les images se donnent libre cours. La pente d'abîme qui entraîne le narrateur lui fait perdre de vue le monde dont il se préserve d'ailleurs hermétiquement. Par enfoncement, il atteint un nouveau monde, un « espace du dedans » qui n'est pas sans évoquer le ciel et la mer internes imaginés par Jules Verne dans *Voyage au centre de la terre* (1864).

CONTE   p. 58

Ms. B.N., n.a.fr. 14123, fᵒ 5 (au-dessous d'*Enfance V*).

En raison de son titre (qui semble illustrer à l'avance *Morphologie du conte*, ouvrage de V. Propp cher aux structuralistes), ce poème de Rimbaud a été l'objet de nombreux commentaires qui se sont plus employés à trouver en lui la confirmation d'un modèle qu'à le comprendre ; car, en dépit de sa conclusion, il n'est pas la démonstration d'un circuit de sens refermé sur lui-même.

Tout prouve que Rimbaud s'est emparé d'un genre connu (ce qu'il avait fait dans ses poésies et fera dans certaines *Illuminations* comme *Scènes* ou *Sonnet*) moins pour en déconstruire la structure que pour y affirmer un problème propre. Hanté par l'Orient, il a donc pris modèle peut-être sur les *Mille et Une Nuits*. La richesse de ce Prince et son désir de destruction font toutefois penser plus encore au *Vathek* de Beckford (1786), voué à l'esprit du mal, Eblis.

Selon le rythme ternaire propre aux contes, Rimbaud narre le carnage systématique fait par le Prince. Ici s'arrête une première partie de ce véritable apologue. Dans un second temps se produit la rencontre avec le Génie, comble de l'amour nouveau. Si l'un et l'autre s'anéantissent, l'avant-dernière phrase laisse cependant perplexe devant cette disparition. Or, quand Rimbaud assure que le Prince et le Génie étaient une même personne, il nous donne précisément un moyen de comprendre, même s'il affirme ensuite : « la musique *savante* manque à notre désir » [*je souligne* savante]. Que le Prince soit le Génie et le Génie le Prince ne doit-il pas être entendu comme une illustration du « Je est un autre » ? Dès *Les Sœurs de charité*, Rimbaud semblait avoir déjà conçu cette scène étrange faisant se rencontrer un jeune homme et un Génie (voir t. I, p. 157). La mort tranquille du Prince à un âge ordinaire concerne la mort naturelle, alors que l'anéantissement du Génie et du Prince marque une heure de « santé essentielle » où l'être, à la rencontre de son autre, coïncide enfin avec son désir secret. Les Anciens, du reste, nommaient déjà *démon* (chez les Grecs) ou *génie* (chez les Latins) le dieu personnel attaché à l'individu, mais devant disparaître à la mort de celui-ci. Le jeu des majuscules et des minuscules à l'initiale des mots « prince » et « génie » dans les dernières phrases est peut-être significatif. Il peut aussi témoigner d'une négligence dans la copie.

Conte, qui met en scène la dépense de la pure perte, est surtout une fable où Rimbaud expose l'étrange loi qu'il a découverte : l'excès permet à chacun de trouver sa vérité intime ; encore n'y a-t-il rien là d'assuré ni d'immédiat, rien surtout qui puisse durer. Le « moment » rimbaldien assure d'une éternité glissée dans les chambres du temps.

Commentaires : Barbara Johnson, « Une lecture de *Conte* », *Littérature*, octobre 1973, n° 11.

Philippe Hamon, « Narrativité et lisibilité », *Poétique*, 1979, n° 40, p. 453-464.

André Guyaux, « Hermétisme du sens et sens de l'hermétisme », *Minute d'éveil. Colloque Rimbaud*, SEDES, 1984, p. 199-208.

PARADE   p. 60

Ms. B.N., n.a.fr. 14123, f° 6.

En dépit du secret final qu'il prétend détenir, Rimbaud fait ouvertement défiler dans *Parade* les véritables truchements de son entreprise, les médiateurs fabuleux. Que l'artiste se montre ici en saltimbanque ne doit pas surprendre. On se souvient que Mallarmé lui-même dans *La Déclaration foraine*, paru dans *L'Art et la Mode*, 12 août 1887, n'avait pas hésité à se donner ce rôle. Albert Glatigny, Théodore de Banville (*Les Pauvres saltimbanques*, Lévy, 1853) décriront plus d'une fois ces êtres du spectacle éphémère. Sur tous ces « drôles » du XIXᵉ siècle, on consultera le livre de Jean Starobinski, *Portrait de l'artiste en saltimbanque*, Skira, 1970.

Commentaires : Nathaniel Wing, « Rimbaud's *Les Ponts, Parade, Scènes* : The poem as performance », *The French Review*, février 1973 p. 506-521.
            Louis Forestier, « *Parade* ou la parabole », *Berenice*, 1981, nᵒˢ 1-2, p. 72-76.

    1. *Chérubin* : Personnage du *Mariage de Figaro* de Beaumarchais, type de l'adolescent naïf et charmant qui rêve d'aimer et ne connaît pas la vie.
    2. *prendre du dos* : Se donner des airs d'importance, pavaner. L. Forestier signale que le mot « dos » a signifié en argot « souteneur ».
    3. *Molochs* : Au singulier, ce nom désigne dans la Bible une divinité particulièrement cruelle adorée des Moabites et des Ammonites. On lui sacrifiait des enfants. Moloch est aussi le surnom d'un caricaturiste célèbre des années 1870.

ANTIQUE   p. 61

Ms. B.N., n.a.fr. 14123, fᵒ 7.

    Le titre du poème n'est pas vraiment à prendre dans le sens figé de « statue antique » qu'il comporte habituellement. Le fils de Pan nous est, en effet, présenté en mouvement, un mouvement qui semble ici décomposé. Rimbaud reprend des éléments de sa poésie *Tête de faune* (t. I, p. 189), mais les place dans une vision d'anatomie intrigante. Deux ans auparavant, Lautréamont avait décrit dans la septième strophe du deuxième des *Chants de Maldoror* un hermaphrodite : « Il rêve que les fleurs dansent autour de lui en rond, comme d'immenses guirlandes folles, et l'imprègnent de leurs parfums suaves, pendant qu'il chante un hymne d'amour, entre les bras d'un être humain d'une beauté magique. »

Commentaire : André Guyaux, « *Antique*, à la rencontre des symbolistes et des décadents » dans *Rimbaud. Le poème en prose et la traduction poétique*, collectif, Tübingen, Gunter Narr, 1988, p. 87-98.

    1. *Tachées de lies brunes* : Rimbaud avait écrit dans *Tête de faune* : « Brunie et sanglante ainsi qu'un vin vieux / Sa lèvre éclate en rires sous les branches. »

BEING BEAUTEOUS   p. 62.

Ms. B.N., n.a.fr. 14123, f° 7.

Un problème se pose pour l'établissement de ce texte. En effet, sur le manuscrit, au premier paragraphe long et compact succède un très court paragraphe séparé du précédent par trois croix. André Guyaux pense que ce bref paragraphe forme à lui seul un petit texte (« À propos des *Illuminations* », *Revue d'Histoire littéraire de la France*, septembre-octobre 1977, p. 807). Pierre Brunel partage cette idée (*Rimbaud. Projets et réalisations*, p. 243). Cette solution me paraît aussi la meilleure.

Le titre est sans doute emprunté à un poème de Longfellow, *Footsteps of Angels* où se trouve cette expression (voir C. A. Hackett, « Longfellow et Rimbaud : *Being Beauteous* » repris dans *Autour de Rimbaud*, Klincksieck, 1967). Autre forme de Génie, l'Être de Beauté se constitue sur le « chantier » du texte. Rimbaud nous convie à sa parturition phénoménale qui n'a plus rien à voir avec la calme et sereine « naissance de Vénus ». Comme le note Hiroo Yuasa, « la Beauté n'est plus statique, mais dynamique (*being*) ». Elle atteint son comble dans la « coïncidence instantanée de la présence et de l'absence » (« Recherches sur *Being Beauteous* dans les *Illuminations*. Un des aspects de l'idée du beau chez Rimbaud », *Berenice*, mars 1981, p. 190-198).

Ô LA FACE CENDRÉE...   p. 63.

Ms. B.N., n.a.fr. 14123, f° 7.

Pour les raisons énoncées ci-dessus, ce texte, considéré comme une « phrase » (voir p. 70), est présenté isolément dans notre édition.

VIES   p. 64.

Ms. B.N., n.a.fr. 14123, f°ˢ 8-9 (*Vies III* est placé au-dessus de *Départ* et de *Royauté* sur le f° 9).

Vies présente bien, en effet, plusieurs vies possibles du narrateur qui utilise toujours ici la première personne. *Vies I* déplace la biographie du côté de l'Orient et plus précisément dans les Indes. Ce choix de l'Orient contre l'Occident est aussi lisible dans *Une saison en enfer* (*L'Impossible*). Dans *Vies II*, Rimbaud semble à nouveau tracer un bilan assez précis de ce qu'il vient de vivre. *Vies III* fait jouer prismatiquement les éléments d'une mémoire fictive.

I   p. 64.

1. *les Proverbes :* Le livre des *Védas* dont les brahmanes trans-mettaient la doctrine.

2. *les vieilles* : On lit bien « vieilles » sur le manuscrit. Rimbaud a peut-être oublié ici un nom auquel se rapporterait ce mot, alors adjectif. Il peut aussi montrer l'étendue de sa mémoire.

3. *la campagne* : Il faut bien lire « campagne » et non « compagne ».

4. *pigeons écarlates* : Parmi les mots anglais notés par Rimbaud en 1874, V. P. Underwood (*Rimbaud et l'Angleterre*, 1976, p. 263) a relevé « red turbits ». Mais il n'y a rien là d'étonnant : certains pigeons ont un plumage nuancé de pourpre.

5. *Les chefs-d'œuvre dramatiques de toutes les littératures* : Dans *Vies III*, Rimbaud nommera la « comédie humaine ». En mai 1873, il avait écrit une lettre à E. Delahaye pour demander le *Faust* de Goethe et les pièces de Shakespeare.

II   p. 64.

Les termes d'inventeur, de musicien sont des mots récurrents dans l'œuvre de Rimbaud. La « clef de l'amour » qu'il prétend avoir trouvée entre en résonance avec *A une Raison* et *Génie*. Cette illumination rappelle, à première vue, quelques épisodes de la vie du « voyant » revenu pour l'instant dans son « aigre campagne » (Roche). Seraient passés en revue les vagabondages, l'arrivée à Paris, la liaison avec Verlaine. La fin, d'humeur désespérée, annonce cependant un étrange « trouble nouveau » qu'il serait vain de vouloir définir plus précisément.

III   p. 65.

Comme souvent chez Rimbaud, la multiplication des référentiels apparents n'est là que pour créer une opération de « mélange » d'où peut naître le nouveau poétique. Mais le texte se conclut par un échec. Le « devoir » du voyant, apporter le nouvel amour, n'est plus une nécessité. Le locuteur est désormais un homme d'outre-tombe et non pas un homme de « commissions », c'est-à-dire chargé d'une mission quelconque envers son semblable.

1. Cette fête de nuit n'est pas sans évoquer *Fête d'hiver* (voir p. 89) où Rimbaud place des « Chinoises de Boucher ».

2. On se souviendra aussi qu'Alphonse Lemerre, l'éditeur des Parnassiens, était installé au 47, passage Choiseul.

DÉPART   p. 66.

Ms. B.N., n.a.fr. 14123, fº 9 (entre *Vies III* et *Royauté*).

En trois phrases participiales, Rimbaud congédie l'expérience passée : vision, rumeurs, arrêts de la vie. Il veut être — on le sait — « absolument moderne » et c'est de l'oubli du passé que dépend sa (provisoire) réussite.

Jean-Claude Coquet a proposé une cryptanalyse hardiment structuraliste de ce poème (voir « Combinaison et transformation en poésie », première parution dans *L'Homme*, 1, 1969, reprise dans *Sémiotique littéraire*, Mame, 1973, p. 72-79).

ROYAUTÉ   p. 67

Ms. B.N., n.a.fr. 14123, f° 9 (au-dessous de *Vies III* et de *Départ*).

Dans ce poème, comme dans *Conte* (p. 58), le ton adopté mime celui d'un récit de tradition. « Un beau matin » débute l'histoire comme un « il était une fois ». Les termes de « révélation », d' « épreuve terminée » rappellent la recherche obstinée que Rimbaud tenta (de juin 1872 à juin 1873) et rencontrent les idées prométhéennes exprimées dans *Vagabonds* (p. 79). Antoine Adam, pourtant souvent séduit par l'interprétation biographique, a trouvé cette fois dérisoire de rapprocher ce couple de Verlaine et de Rimbaud (voir *Œuvres*, Bibliothèque de la Pléiade, 1972, p. 987). Il semble néanmoins judicieux de percevoir dans *Royauté* une transposition de ce qui exista entre eux (comme la fausse parabole de l'Époux infernal et de la Vierge folle dans *Délires I*), à condition de bien voir que Rimbaud transmue souverainement une réalité des plus misérables.

À UNE RAISON   p. 68

Ms. B.N., n.a.fr. 14123, f° 10.

La « Raison » nouvelle est l'objet de la dédicace, comme le prouve, au dernier paragraphe, l'accord au féminin du participe passé *arrivée*. Les nouvelles générations (les « enfants » que désigne Rimbaud) attendent un univers transformé duquel serait exclus le temps de l'habitude qui, dans *La Chambre double*, traquait déjà Baudelaire comme un huissier. J. Lacan cite ce texte dans *Encore* (*Le Séminaire, livre XX*), éd. du Seuil, 1975, p. 20 : « L'amour, c'est dans ce texte le signe, pointé comme tel, de ce qu'on change de raison [...] On change de raison, c'est-à-dire on change de discours. »

Commentaire : Pierre Brunel, « La raison dans l'œuvre de Rimbaud », dans *Mélanges offerts à Michel Décaudin*, Minard, 1986, p. 85-94.

1. *Ta tête se détourne* : Pierre Brunel signale à juste titre : « Elle est une divinité, dont le signe de tête est une manifestation du *numen* » (*Rimbaud. Projets et réalisations*, p. 269). Le mot latin *numen* désigne, en effet, en premier lieu un mouvement de tête correspondant à une volonté, puis la divinité en tant qu'elle a une puissance agissante.

2. *nos lots* : la part, c'est-à-dire la vie qui revient à chacun.

MATINÉE D'IVRESSE   p. 69

Ms. B.N., n.a.fr. 14123, fᵒˢ 10 et 11.

Le mot final donne très certainement une clef de lecture pour ce texte. *Assassins,* que Rimbaud souligne, fait, à n'en pas douter, allusion aux Haschichins, secte que dirigeait dans l'Islam du XIᵉ siècle Hassan-Sabbah, appelé aussi le Vieux de la Montagne. Ses affidés détroussaient les voyageurs et Sabbah les récompensait en leur donnant du haschisch. Nerval, mais surtout Théophile Gautier (dans *Le Club des Haschichins*) et Baudelaire (dans *Le Poème du hachisch,* II, « Qu'est-ce que le hachisch ? » dans *Les Paradis artificiels*) en avaient déjà parlé. Il est probable que Rimbaud goûta au haschisch. Cependant, le témoignage que nous donne E. Delahaye sur l'expérience qu'en fit son ami durant l'automne 1871 reste bien décevant et ne permet pas d'en inférer quelques visions attachantes. Il reste que Rimbaud avait bien le projet de se livrer à un « dérèglement de tous les sens », que le mot « poison » désigne, à coup sûr, en cette période, la drogue (terme qui, alors, n'était guère utilisé) et que le haschisch était pratiqué dans le milieu des « Zutistes » (on peut lire sur le feuillet 19 de l'*Album Zutique :* « Il ne *faut pas* que Verlaine prenne de haschisch ! »).

A lire *Matinée d'ivresse,* il semblerait que Rimbaud, par l'absorption de la drogue (que l'on consommait plutôt sous forme de confiture verte), ait conçu toute une poétique (déjà indiquée par Baudelaire, il est vrai, mais au seul titre de témoignage finalement déceptif). Yves Bonnefoy lui accorde une importance très grande et parle à son sujet de « découverte bouleversante ». Il y entend la « santé essentielle » évoquée aussi bien dans *Conte* ou dans *Génie* (voir *Rimbaud,* éd. du Seuil, 1961, p. 156). Henry Miller, fort éloigné des thèses d'Y. Bonnefoy, a perçu là aussi tout un programme de vie et il a tenu à placer sous le signe de ce poème son livre *Le Temps des assassins,* d'abord paru sous le titre *Rimbaud* chez Mermod en 1952.

André Guyaux a comparé soigneusement *Matinée d'ivresse* et les textes de Baudelaire relatifs au haschisch pour conclure à certains rapprochements (aussi bien textuels) dans le déroulement de l'expérience et à une nette différence sur le plan de l'éthique. Baudelaire évoque les lendemains décevants qui suivent la prise de la drogue. Rimbaud continuerait de croire à l'ivresse qui en résulte. (Voir A. Guyaux, « Baudelaire a-t-il influencé Rimbaud ? » dans *Berenice,* mars 1983, p. 101-112).

Pour une étude relativement complète concernant Rimbaud et le haschisch, on lira de Hiroo Yuasa « Le projet rimbaldien du poème du haschisch », *Lectures de Rimbaud, op. cit.,* p. 239-258).

1. *chevalet féerique :* Le chevalet désigne ici un instrument de torture ; mais ce supplice est gratifiant. Il introduit dans le monde de la féerie. Baudelaire dans *Le Poème du hachisch* avait déjà parlé de « supplice ineffable » et de « tortures d'une ivresse ultrapoétique » (voir *Œuvres,* Bibliothèque de la Pléiade, 1975, t. I, p. 414-415).

2. *tournant :* Au sens où du lait tourne. La fanfare harmonique

(hallucination musicale) s'altère et marque ainsi la fin de l'expérience.

3. *digne* portait d'abord un *s* qui a été biffé ensuite. Correction importante. Le *nous* du texte correspondrait donc à un locuteur singulier pluralisé et multiplié par l'ivresse (voir aussi « nous serons rendu » dans la phrase précédente).

4. Ce personnel, esclaves et vierges, semble faire référence aux cours des palais orientaux et peut-être à celle du Vieux de la Montagne.

PHRASES   p. 70

Ms. B.N., n.a.fr. 14123, f° 11. Ces trois « phrases » sont séparées par des traits ondulés.

D'après Antoine Adam, *Phrases* offre une signification très générale : « Il s'agit de l'homme et de la femme, des besoins qu'ils ont l'un de l'autre, de la comédie qu'ils se jouent, du désespoir auquel rien ne saurait les arracher » (*Œuvres*, Bibliothèque de la Pléiade, p. 990).

Sur ce f° 11, les trois textes se caractérisent par un « nous ». Mais ce que recouvre ce pronom n'est vraiment perceptible que dans le premier texte où il désigne un couple.

Les tournures syntaxiques, souvent reprises par trois fois, laissent penser à divers essais rhétoriques. A propos de ces textes se pose le problème d'une écriture immédiate de fragments (micro-univers autotéliques) ou de phrases réservées pour une utilisation plus dense en d'autres textes à venir. A mon avis, il suffit de les *dire* pour constater que chacun en soi constitue un ensemble structural complet.

1. *pour deux enfants fidèles :* Antoine Fongaro (« Les échos verlainiens chez Rimbaud et le problème des *Illuminations* », *Revue des Sciences humaines*, avril-juin 1962, p. 263-272) voit dans cette expression une parodie des « deux enfants » dont parle Verlaine dans la quatrième des *Ariettes oubliées :* « Soyons deux enfants, soyons deux jeunes filles. » A l'appui de cette thèse, on pourrait citer aussi quelques phrases de *Délires I* (dans *Une saison en enfer*) où semble s'entendre la voix de Verlaine : « Je nous voyais comme deux bons enfants, libres de se promener dans le Paradis de tristesse. »

2. *que je sois celle :* Qui parle ? Il faut très certainement comprendre que ce premier ensemble doit se dire au féminin. Mais le jeu du féminin et du masculin peut fort bien recouvrir un débat homosexuel comme dans *Une saison en enfer*.

3. *Ma camarade, mendiante :* On peut penser au personnage d'Henrika dans *Ouvriers*. Suzanne Bernard va jusqu'à envisager l'hypothèse d'une femme amie de Verlaine, quand les deux poètes habitaient Londres (*Œuvres*, Garnier, p. 499). Mais le ton est aussi celui de *Délires I*, comme je l'ai déjà signalé.

[PHRASES]   p. 71

Ms. B.N., n.a.fr. 14123, f° 12.

Cette page du Ms. 14123 fait suite à celle qui porte le titre de *Phrases*. Elle contient aussi de courtes notations. Cependant, elle est d'une encre et d'une graphie différentes, et la séparation entre les textes y est marquée par des croix, comme pour « Ô la face cendrée... » (voir p. 63). Elle forme donc un ensemble indépendant (voir André Guyaux, « A propos des *Illuminations* », *art. cit.*).

Le premier texte met en place les éléments d'une pluvieuse journée de juillet. La conclusion doit s'entendre ironiquement, comme une référence à la Noël en plein été.

Le troisième texte marque encore une fois la place de l'étang dans l'œuvre de Rimbaud, endroit parfois du suicide, mais aussi lieu variable, sas où s'échangent souvent de façon surprenante les plans inférieur et supérieur d'un paysage.

Le quatrième texte a suscité, sous la plume des critiques, des datations improbables. A. Adam va jusqu'à évoquer un quatorze juillet 1872 auquel Verlaine et Rimbaud auraient assisté à Bruxelles, mais on ne célébrait pas cette fête en Belgique, et dans les débuts de la Troisième République elle n'était pas davantage l'objet de manifestations importantes en France.

Le dernier poème entre en résonance avec différentes *Veillées* et le décor des *Déserts de l'amour* (t. II, p. 83).

OUVRIERS (*Les* qui précédait *Ouvriers* a été biffé)   p. 73

Ms. B.N., n.a.fr. 14123, f° 13.

Ce texte, de caractère réaliste au premier abord, mime l'écriture naturaliste alors naissante (Zola commençait à publier ses *Rougon-Macquart*). Les précisions topographiques, les remarques sur le vêtement de la jeune femme apparaissent comme des « petits faits vrais ». Pensons surtout que Rimbaud trame ainsi une fiction où les éléments qui composèrent parfois son existence valent plutôt comme fausses références.

Commentaires : Jean-Luc Steinmetz, « Rimbaud et le roman », Colloque Rimbaud de Cambridge, 1987 (à paraître dans *Parade sauvage*).

Antoine Fongaro, « Drôles d'*Ouvriers* » dans *Littératures,* Toulouse, n° 20, printemps 1989, p. 39-51.

1. *Le Sud :* C'est-à-dire, comme on le voit plus bas, le vent du sud. Le narrateur y rattache son enfance. Désigne-t-il ainsi les jeunes années passées en France ?

2. *Henrika :* Prénom nordique (il débute par un h comme celui de certaines femmes des *Illuminations*), Henrika n'est pas identifiable. Rappelons toutefois que Verlaine, traçant au plus vite la vie de Rimbaud, notera en 1888 : « Peu de passion, comme parlerait M. Ohnet, se mêle à la plutôt intellectuelle et en somme chaste

odyssée. Peut-être quelque *vedova multo civile* dans quelque Milan, une Londonienne, rare sinon unique — et c'est tout. » (« Arthur Rimbaud. 1884 » dans *Les Hommes d'aujourd'hui*, n° 318, janvier 1888 ; passage repris dans *The Senate*, octobre 1895). Il est possible également que nous ayons affaire à une référence de roman — ou que Rimbaud agence la parodie momentanée d'un personnage romanesque. Sans plus de nuance, A. Fongaro l'identifie à Verlaine.

3. On remarque la singularité de ce paragraphe. Pour les tenants du référentiel, comme Charles Chadwick, l' « inondation du mois précédent » coïnciderait avec celles qui survinrent à Londres en janvier 1873 (« La date des *Illuminations* », *Revue d'Histoire littéraire de la France*, janvier-mars 1959, p. 56). Mais la bizarrerie qui retient ici consiste plutôt dans ces « très petits poissons » abandonnés dans « une flache », à l'image du couple « orphelin » qui les regarde.

LES PONTS   p. 74

Ms. B.N., n.a.fr. 14123, f°s 13-14.

Seul le titre de ce poème, parmi tous ceux des *Illuminations* (voir cependant *Ouvriers*, sur le f° 13), comporte un article. La description suscite un certain référent dans lequel la plupart des commentateurs ont cru reconnaître Londres. Le dôme désignerait la cathédrale Saint-Paul ; l'eau, « large comme un bras de mer », la Tamise. Même le caractère habité des ponts pourrait faire penser au fameux London Bridge autrefois surmonté de maisons. En septembre 1872, dans une lettre adressée à Edmond Lepelletier, Verlaine lui aussi admirait ces éléments d'architecture : « Ponts véritablement babyloniens, avec des centaines de piles en fonte, grosses et hautes comme feu la Colonne et peintes en rouge sang » (*Correspondance*, Messein, 1922, t. I, p. 42). Cependant, la vue que nous propose Rimbaud ne fut construite que pour s'effacer. La fiction est ici la principale architecte.

Commentaires : Nathaniel Wing, « Rimbaud's *Les Ponts, Parade, Scènes*. The Poem as performance » dans *The French Review*, XLVI, février 1973, p. 506-521.

                    Marc Dominicy, « *Les Ponts :* analyse linguistique », *Lectures de Rimbaud, op. cit.*, p. 153-173.

VILLE   p. 75

Ms. BN., n.a.fr. 14123, f° 14.

Le *Je*, présent dès le début, est le témoin du paysage urbain qui, une fois encore, peut coïncider avec Londres. Rimbaud parle, en effet, des « peuples du continent » ; il note « l'épaisse et éternelle fumée du charbon » dans cette grande cité industrielle et va jusqu'à utiliser le mot « cottage ». Le locuteur feint ainsi d'être un Londonien de longue date. Mais la ville est surtout l'occasion de faire surgir l'étrangeté fondamentale d'un « urbanisme de néant », pour reprendre l'expression de Marie-Claire Bancquart (« Une lecture de *Ville(s) d'Illuminations* », *Cahier Arthur Rimbaud*, n° 4, Lettres modernes, Minard, 1980, p. 25-34) et la fenêtre révèle les spectres de la modernité.

1. *aucun monument de superstition :* Dans une lettre adressée à Edmond Lepelletier le 24 septembre 1872, Verlaine note que Londres est « *sans monument aucun,* sauf ses interminables docks (qui suffisent d'ailleurs à ma [*sa*] poétique de plus en plus moderniste). » (*Correspondance*, Messein, 1922, t. I, p. 46).

2. *comme :* Adverbe de manière à valeur intensive.

3. *des Érinnyes :* Rimbaud avait écrit « des Érynnies ». Déesses de la Vengeance dans la mythologie grecque, elles étaient au nombre de trois : Tisiphone, Mégère, Alecto. Elles sont ici remplacées par la Mort, un Amour désespéré et un joli Crime. Ainsi Rimbaud transformait-il naguère les « Sœurs de charité ». Cette présence des Érinnyes montre bien que la ville de Londres est conçue comme une cité de l'Enfer (« la ville de la Bible » disait Verlaine dans *Sonnet boiteux*, envoyé à E. Delahaye en décembre 1873, mais sans doute écrit auparavant et qui contient également le verbe « piauler »).

ORNIÈRES   p. 76

Ms. B.N., n.a.fr. 14123, f° 14.

Rimbaud constitue un tableau équilibré. La fameuse « aube d'été » débute le poème. Les ornières, pourtant immobiles, entraînent un mouvement : l'apparition d'un défilé mêlant hommes et enfants, animaux et personnes, vie et mort.

Selon Ernest Delahaye, un événement réel aurait motivé ce texte : un cirque américain qui se serait fourvoyé à Charleville dans les années 1868-1869 (voir *Souvenirs familiers*, réédité dans *Delahaye témoin de Rimbaud*, Neuchâtel, La Baconnière, 1974, p. 74).

VILLES [I]   p. 77

Ms. B.N., n.a.fr. 14123, f°ˢ 16-17.

Malgré sa place dans le manuscrit 14123 (non paginé par Rimbaud), nous avons décidé de placer ce texte avant *Villes* [II], contrairement à la plupart des éditions. En effet, sous le titre *Villes*, la précision *I* en chiffre romain a été portée, puis biffée — laissant clairement comprendre que *Villes* [II] appartient à la même série et vient ensuite (voir, sur ce point, *Illuminations*, texte établi et commenté par André Guyaux, La Baconnière, 1986, p. 131-142). Le titre est de la main de Rimbaud. Le reste du texte a été écrit par Germain Nouveau (voir André Guyaux, *Poétique du fragment*, La Baconnière, 1986, « Autres mains », p. 109-134).

Les références londoniennes sont nombreuses, mais celles qui concernent Paris existent aussi. De nombreuses confusions voulues créent une poésie cosmopolite. Étiemble, à ce sujet, a fait un rapprochement avec une lettre adressée à Arsène Houssaye où Baudelaire présente ses *Petits Poëmes en prose* : « C'est surtout de la fréquentation des villes énormes, c'est du croisement de leurs innombrables rapports que naît cet idéal obsédant » (Classiques Larousse, p. 52).

1. *Hampton-Court :* Résidence royale proche de Londres et datant du XVIᵉ siècle.

2. *Brahmas* surcharge *nababs* sur le manuscrit. Il avait été longtemps considéré de lecture douteuse et lu comme *Brahmanes*. Sur cette correction, voir André Guyaux, « A propos des *Illuminations* », *art. cit.*

3. *à l'aspect des gardiens de colosses :* A. Guyaux, pensant à une mauvaise transcription faite par G. Nouveau, a proposé de corriger ce passage en « à l'aspect de colosses des gardiens » (voir Rimbaud, *Œuvres*, Garnier, 1987, p. 279).

4. *Ce dôme est une armature d'acier :* D'après V. Underwood, Rimbaud décrirait ici le fameux Crystal Palace (et ses galeries de tableaux) édifié lors de l'exposition universelle de Londres en 1851.

5. « Comté » : Mot calqué sur l'anglais *County*. Division territoriale et, par ironie dans ce texte, sorte de campagne (« country » ?) exotique fréquentée par des gentilshommes (« count » ?) amateurs d'émotions fortes.

VAGABONDS   p. 79

Ms. B.N., n.a.fr. 14123, fº 16 (entre *Villes* [II] et le début de *Villes* [I]).

Vagabonds constitue l'une des plus compréhensibles *Illuminations*. Cette transparence du sens, ce récit pseudo-biographique laisseraient penser que nous sommes en présence de l'un des premiers poèmes en prose écrits par Rimbaud. Il faut se méfier cependant de telles évidences.

L'allusion au couple Verlaine-Rimbaud paraît, du moins, peu contestable. Le débat qui existe entre les deux vagabonds fait écho à celui qui déchire le « drôle de ménage » d'*Une saison en enfer*. L'entreprise dans laquelle Rimbaud avait entraîné Verlaine est clairement désignée par le texte.

Le dernier paragraphe résume au mieux les ambitions de Rimbaud et de son vagabondage. Quant à Verlaine, il est présenté tel qu'il était : faible, velléitaire, culpabilisé par son « inconduite ». Le cauchemar qu'il fait évoque une manière d'autocastration et plus particulièrement celle dont Œdipe se frappa.

Écrit à l'imparfait, tout le poème renvoie à un passé bien révolu. Il pourrait être contemporain de la rédaction finale d'*Une saison en enfer*.

Commentaire : Marc Eigeldinger, « *Vagabonds* », dans *Minute d'éveil, colloque Rimbaud*, SEDES, 1984, p. 121-129.

1. *son infirmité :* Au sens étymologique du mot, sa « faiblesse ».

2 *satanique docteur :* Verlaine citera cette expression dans une

lettre écrite à Charles de Sivry au mois d'août 1878 : « [...] sa *Saison en Enfer* où je figure en qualité de Docteur satanique (ça c'est pas vrai). » Verlaine semble confondre les textes, puisqu'il est présenté dans *Une saison en enfer* comme la « Vierge folle ». Dans le « docteur satanique » de *Vagabonds,* Pierre Brunel voit plutôt un Faust auquel Rimbaud-Méphistophélès aurait promis la jouvence (*Rimbaud. Projets et réalisation,* p. 144).

3. *des bandes de musique rare :* Le mot « bandes » est sans doute un anglicisme signifiant « troupes de musiciens ». Au vers 12 de *Kaléidoscope* dédié à Germain Nouveau et repris dans *Jadis et naguère* (il était daté d'octobre 1873 dans le recueil provisoire *Cellulairement*), Verlaine écrira lui aussi : « Dans cette ruc [...]/que traverseront des bandes de musique. »

4. Le « tel qu'il se rêvait » et l'apparition de l'image projetée par le rêve se trouvait déjà dans *Claire Lenoir* (ch. XIX), nouvelle de Villiers de l'Isle-Adam publiée dans la *Revue des lettres et des arts* (13 octobre-1er décembre 1867). Elle était bien connue des milieux parnassiens, car elle mettait en scène le personnage positif du Dr Tribulat Bonhomet, satire du bourgeois dont se gaussaient alors les poètes et artistes.

5. *vin des cavernes :* Dans une lettre écrite en juin 1872 (voir t. II, p. 163), Rimbaud évoquait « les rivières ardennaises et belges, les cavernes [...] ». On peut penser aussi au geste de Moïse qui, durant l'exode du peuple juif, frappa le rocher et en fit jaillir une source. Le vagabondage prendrait ainsi l'allure d'un cheminement vers la Terre promise. Le « biscuit de la route » serait une autre forme de manne (déjà mentionnée dans *Fêtes de la faim :* « pains couchés aux vallées grises », voir t. II, p. 75).

VILLES [II]   p. 80

Ms. B.N., n.a.fr. 14123, f° 15-16.

A nouveau, Rimbaud crée un lieu de métissage foncièrement utopique. Origine ou complément de ce poème, il paraît opportun de mentionner un texte d'Edgar Poe, *Les Souvenirs de M. Auguste Bedloe* (repris dans *Histoires extraordinaires,* tome V des *Œuvres complètes* de Baudelaire, Michel Lévy, 1869). Auguste Bedloe est un opiomane qui, après avoir pris sa drogue favorite, a pour habitude de se promener seul dans les Ragged Mountains, « une branche des Montagnes Bleues, Blue Ridge, partie orientale des Alleghanys », précise Baudelaire. Au cours d'une de ses promenades, il voit de façon hallucinatoire une ville magnifique, « d'un aspect oriental, telle que nous en voyons dans les *Mille et Une Nuits* » et il décrit longuement ses habitations et la multitude qui la parcourt.

1. *Alleghanys* et *Libans :* Chaînes de montagnes, l'une aux États-Unis, l'autre au Liban.

2. *Mabs :* Mab est la reine des fées dans le folklore anglais. Elle est longuement décrite par Mercutio dans le *Roméo et Juliette* de Shakespeare (acte I, scène 4).

3. *Les Bacchantes des banlieues* : Dans *Bottom* (p. 102), Rimbaud écrit « les Sabines des banlieues ». Dans les deux textes, il allie une figure mythique à une réalité contemporaine. On comparera avec l'expression « Vénus des carrefours ».

4. *Vénus entre dans les cavernes des forgerons et des ermites* : Rimbaud semble présenter ici des scènes déjà traitées par les peintres : Vénus venant voir Vulcain dans ses forges ou tentant saint Antoine. Bouillane de Lacoste a noté aussi certains rapprochements avec *La Tentation de saint Antoine* de Flaubert (chapitre v).

5. *les élans se ruent dans les bourgs* : Il faut comprendre que les bêtes sauvages viennent dans les villes. « Élans » est sans doute allitérant du précédent « les légendes ». De plus, le mot « élan » en tant qu'action semble être développé par le verbe « se ruer ».

6. *Quels bons bras, quelle belle heure* : Les deux épithètes font penser à l'incipit de *Matinée d'ivresse* « ô mon Bien ! Ô mon Beau ! » et pourraient renvoyer à la même expérience hallucinatoire. La précédente mention du boulevard de Bagdad prendrait ici tout son sens.

VEILLÉES p. 82

Ms. B.N., n.a.fr. 14123, f° 18 (pour I et II).

I p. 82

On a remarqué la prosodie de ce texte construit sur deux rimes (/é/ et /i/). En ce sens, il diffère de la plupart des autres *Illuminations*. La présence de ces rimes programme ou renforce une harmonie duelle qui apparaît dans chaque phrase. Douleurs et différends sont repoussés. La veillée ménage un rare moment d'équilibre heureux dans l'angoisse ou l'éclatante violence des *Illuminations* ; il est possible que Rimbaud fasse une certaine concession (cas rarissime) à l'univers poétique de Verlaine (ce qui permettrait de dater le poème de la fin 1872). *Veillées I* s'accorde, en effet, avec le monde des *Romances sans paroles* (voir la première des *Ariettes oubliées* : « C'est l'extase langoureuse, / C'est la fatigue amoureuse [...] »). Verlaine, du reste, citera ce poème sous le titre *Veillées* dans l'article qu'il consacrera à Rimbaud dans *Les Hommes d'aujourd'hui*, n° 318, janvier 1888.

II p. 82

Ce poème, fort différent du précédent, répond à une tout autre technique. Autant *Veillées I* restait impressionniste et sensible, autant *Veillées II* construit, ligne après ligne, une architecture de l'hallucination où mental et concret entrent en concordance. Au « veilleur » subissant peut-être l'effet de la drogue, mais aussi entraîné par la composition scripturale, un univers multiple et total apparaît.

1. *succession psychologique de coupes de frises* : Il n'y a pas de virgule entre « de coupes » et « de frises », mais le texte se

comprendrait mieux avec cette ponctuation que l'on peut supposer oubliée.

2. *accidences* (terme philosophique) : Qualités, états ou possibilités de l'accident. Mais le sens d'accidents est plus admissible ici. Rimbaud, pour des raisons euphoniques — deux groupes identiques de sonorités féminines, *bundes atmosphériques / accidences géologiques* — a sans doute inventé ce mot qui se trouve exister aussi dans un vocabulaire spécialisé que très probablement il ignorait.

III   p. 83

Ms. B.N., n.a.fr. 14123, f° 19 (au-dessus de *Mystique*). Le titre *Veillée* (au singulier) a été biffé et remplacé par le chiffre romain III.

Rimbaud nous convie à une autre veillée dont il nous permet de suivre le mouvement.

La ligne de points de suspension fait intervenir, pour un temps, le silence de l'émerveillement (dans le texte) au point que la dernière phrase n'est composée que de vocatifs, attestant l'intensité de l'émotion devant la découverte.

1. *steerage* : Entrepont d'un navire. Rimbaud avait d'abord écrit « sur le pont ».

2. *Amélie* : Ce prénom fait partie des signifiants énigmatiques dont Rimbaud a volontairement parsemé ses *Illuminations*. On peut y lire toutefois l'anagramme de « l'aimée » qui apparaît dans *Veillées I*.

Pour un commentaire de ces trois textes, voir d'André Guyaux « Les trois *Veillées* de Rimbaud », *Studi Francesi*, n°s 65-66, mai-décembre 1978, p. 311-321. P.-G. Castex (*L'Information littéraire*, décembre 1986, p. 222) ne pense pas qu'il existe une continuité entre ces trois fragments. Il suggère qu'il y aurait eu « à l'origine, un poème intitulé *Veillée*, devenu par la suite *Veillées III*, et que les deux fragments I et II y ont été associés après coup, en vue de constituer un ensemble : ainsi s'expliqueraient des différences radicales de cadre, de structure et d'affabulation ».

MYSTIQUE   p. 84

Ms. B.N., n.a.fr. 14123, f° 19.

L'organisation de ce poème rappelle celle d'un tableau. C'est pourquoi on a cru y reconnaître une partie du célèbre triptyque des frères Van Eyck, *L'Agneau mystique*, qui se trouve à Gand (voir Johannes Tielroy, « Rimbaud et les frères Van Eyck », *Neophilologus*, XX, 1934-1935). Cette confrontation n'est guère probante cependant.

La composition de *Mystique* est extrêmement précise (comme dans *Ornières*, *Les Ponts*, le groupe des *Villes*). Rimbaud offre une vision du monde, un concentré fabuleux. Une réalité toute simple a pu également déterminer la création de ce texte. André Dhôtel

(*Rimbaud et la révolte moderne,* Gallimard, 1962, p. 62) imagine, par exemple, Rimbaud couché dans l'herbe, près d'un talus de chemin de fer, et créant cette vision.

Commentaires : Anne Freadman, « To read Rimbaud. A reading of *Mystique* », *Australian Journal of French Studies,* XI, n° 1, 1974, p. 65-82.

          Sergio Sacchi, « Rimbaud peintre " mystique " » dans Actes du Colloque de Cambridge, numéro spécial de *Parade sauvage,* 1989.

AUBE   p. 85

Ms. B.N., n.a.fr. 14123, f° 19 (au-dessous de *Mystique*) et f° 20 (au-dessus de *Fleurs*).

Cette matinée est-elle un rêve ? La dernière phrase le laisserait supposer. Rimbaud présente ici une course onirique après une femme-nature, une femme-éveil qui pourrait être aussi celle qui donne naissance, une image de la jeune mère vue comme un immense corps par l'enfant. Encore une fois, le bois offre le lieu privilégié des féeries.

Commentaires : Marc Eigeldinger, « Lecture mythique d'*Aube* » dans *Minute d'éveil,* collectif, ouvr. cit, p 141-152. Repris dans *Lumières du mythe,* PUF, coll. « PUF Écriture », 1982.

          Pierre Brunel, *Rimbaud. Projets et réalisations,* Champion, 1983, p. 296-304.

1. *wasserfall :* Mot allemand signifiant « chute d'eau », « cascade ». La lumière ruisselle du haut des sapins comme les flots d'une chevelure blonde.
2. *je levai un à un les voiles :* Ainsi Rimbaud rend-il active la voix pronominale de l'expression courante « l'aube se lève ».
3. *un bois de lauriers :* Outre la valeur poétique du laurier, arbre d'Apollon, il est probable que Rimbaud joue sur les paroles de la chanson traditionnelle : « Nous n'irons plus au bois. / Les lauriers sont coupés. / La belle que *voilà* / Ira les *ramasser.* » [je souligne]. Les « voiles amassés » qui apparaissent dans la même phrase seraient un souvenir (conscient ou inconscient) de ces vers.

FLEURS   p. 86

Ms. B.N., n.a.fr. 14123, f° 20.

Rimbaud se souvient-il du poème *Les Fleurs* de Mallarmé, paru dans la livraison du 12 mai 1866 du *Parnasse contemporain ?* Les ressemblances ne sont pas frappantes. Enid Starkie et Jacques Gengoux ont donné de ce texte une lecture alchimique qui reste également peu convaincante. Une reprise des remarques des frères Goncourt sur Watteau (d'abord publiées dans *L'Artiste* en 1856, puis en fascicule en 1860, enfin dans *L'Art du dix-huitième siècle* en 1873) paraît plus proche des recherches de Rimbaud.

NOCTURNE VULGAIRE   p. 87

Ms. B.N., n.a.fr. 14123, f° 21.

Rimbaud présente une rêverie devant le foyer comme Mallarmé voyait dans « la forme éclairée de l'âtre, l'obsession d'un théâtre encore réduit et minuscule au lointain » (« Crayonné au théâtre », *Revue indépendante*, avril 1887). L'âtre en ce cas ouvre un opéra. Peu à peu l'hallucination se crée. Rimbaud est entraîné dans un carrosse-corbillard-maison de berger. Pas assez loin, cependant. La voiture dételle bientôt près d'un détail (optique). Elle arrête là sa randonnée. Le passager occasionnel s'interroge sur les suites du voyage.

1. *vulgaire :* Cette qualification pour « nocturne » (genre musical) surprend. Ne s'opposerait-elle pas dans une certaine mesure à la *Matinée d'ivresse* « sainte » (voir p. 69) ?

2. *operadiques :* Cet adjectif, peu usité, existe cependant. Il se trouve chez les frères Goncourt dans *L'Art du dix-huitième siècle* (chapitre sur Watteau) : « un arrangement *opéradique* ». La même page assure que « Watteau *surnaturalise* » tout ce qu'il peint. Verlaine avait déjà utilisé cet ouvrage pour ses *Fêtes galantes* (1869) (voir J.-H. Bornecque, *Lumières sur les « Fêtes galantes »*, 1959). Le carrosse décrit dans *Nocturne vulgaire* pourrait donc être un carrosse de cette époque et les « figures lunaires » dont parle le même texte seraient bien en accord avec le climat des peintures de Watteau évoquées par Verlaine.

3. *corbillard de mon sommeil :* On trouve l'expression « corbillards de mes rêves » dans *Horreur sympathique* de Baudelaire (*Les Fleurs du Mal*, éd. de 1861).

4. *siffler pour l'orage :* Siffler pour appeler l'orage. L'orage entraîne des visions de batailles et de cataclysme, Sodome, la ville maudite détruite par la colère de Dieu.

5. *Solymes :* Ancien nom de Jérusalem. Ce mot semble aussi choisi pour son assonance avec Sodome.

MARINE   p. 88

Ms. B.N., n.a.fr. 14123, f° 22 (v° du f° 21)

Comme il y a des « nocturnes » musicaux, certaines peintures sont des « marines ». C'est déjà en ce sens que Verlaine avait intitulé un de ses *Poèmes saturniens*. L'art visuel est donc sollicité ici, mais surtout une analogie de base : la mer en mouvement comparée au sol labouré. De là dans la description une gémination de deux champs sémantiques. On a souvent considéré ce texte comme un premier exemple de vers libres modernes (voir Édouard Dujardin, « Les premiers poètes du vers libre », *Mercure de France*, 15 mars 1921).

Verlaine semble avoir repris *Marine* et son procédé au commencement du poème *L'Échelonnement des haies* (*Sagesse*, III, 13) : « l'échelonnement des haies / Moutonne à l'infini, mer / Claire dans le brouillard clair [...] »

Commentaire : Jacques Plessen, « *Marine* de Rimbaud, une analyse » dans *Neophilologus*, vol. 55, janvier 1971, p. 16-32.

1. *acier* surcharge *azur*.

FÊTE D'HIVER   p. 89

Ms. B.N., n.a.fr. 14123, f° 22.

Une impression musicale se transforme en vue « illuminée ». Les groupes triadiques se succèdent. Les références culturelles se mêlent.

Commentaires : Pierre Brunel, « *Fête d'hiver* », *Le Point vélique*, volume collectif, Neuchâtel, La Baconnière, 1986, p. 105-116.
            Bruno Claisse, « *Fête d'hiver* ou l'artifice » dans *Littératures*, revue de l'Université de Toulouse-Le Mirail, printemps 1988, p. 81-90.

1. *Méandre :* Nom ancien d'une rivière d'Asie mineure au cours sinueux. Cette référence annonce peut-être les « nymphes d'Horace ».
2. *coiffées au Premier Empire :* Coiffées comme on coiffait les femmes sous le premier Empire. En fait, ce style de coiffure Empire imitait celui des femmes de la Rome antique.
3. *Chinoises de Boucher :* le peintre François Boucher a, en effet, peint ou dessiné un certain nombre de Chinoises. Il a également mis en scène les *Fêtes chinoises* de Noverre, célèbre danseur français du XVIIIe siècle. Rimbaud pouvait connaître ces détails par le livre des Goncourt déjà cité.

ANGOISSE   p. 90

Ms. B.N., n.a.fr. 14123, f° 23.

Angoisse débute sous le signe d'un « Elle » difficile à identifier, auquel semble correspondre « la Vampire » du quatrième paragraphe. On sait que le cauchemar, manifestation onirique propre à l'angoisse, privilégie cette figure de femme dominatrice et mortelle (voir le conte de Nodier, *Smarra* (1821) et, dans *Les Fleurs du Mal* de Baudelaire, le poème *Le Vampire*). Cependant, l'action de la Vampire semble bien dérisoire ici : elle « rend gentils », comme on mate des enfants turbulents. Albert Henry voit en elle la Vie, devant laquelle plusieurs attitudes sont possibles : « [...] l'acceptation, la

résignation (au mieux, s'amuser " avec ce qu'elle nous laisse ") —
ou la révolte (être plus drôle). » Le dernier paragraphe accumule
des images de castration : blessures, supplices, tortures. Il peut être
mis en corrélation avec la fin d'*Après le Déluge* où le locuteur
souhaite une apocalypse sans merci.

Commentaire : Albert Henry, « Sur deux poèmes de Rimbaud,
Angoisse et *Honte* », *Bulletin de la Classe des Lettres et des Sciences
morales et politiques*, Bruxelles, Palais des Académies, 5e série,
t. LXX, 1984-11, p. 297-303.

1. Les « ambitions continuellement écrasées », la « fin aisée »
qui réparerait l' « indigence », le « succès » qui compenserait les
« échecs d'autrefois », autant d'expressions qui rappellent de façon
troublante le malheureux parcours de Rimbaud lui-même et
témoignent sans doute de ses propres déceptions.

2. Pour décrire ce deuxième paragraphe entre parenthèses,
Albert Henry note excellemment : « C'est une éruption affective
qui file verticalement, sans la moindre frange de contact formel avec
le reste », *art. cit.*, p. 299.

MÉTROPOLITAIN   p. 91

Ms. B.N., n.a.fr. 14123, f⁰ 23.

Sur le manuscrit, les deux premiers paragraphes jusqu'au mot
« bois » sont de la main de Rimbaud. Le reste est écrit par Germain
Nouveau (recopié par lui ou dicté par Rimbaud). Voir, d'André
Guyaux, « Germain Nouveau dans les *Illuminations* », *Le Point
vélique*, volume collectif, Neuchâtel, La Baconnière, 1986, p. 79-89.
Ce texte peut être interprété comme une sorte de voyage avec cinq
stations qu'indique, à chaque fois, le mot placé en fin de para-
graphe. Pour les amateurs de « choses vues », rappelons que le
métropolitain existait à Londres depuis 1868. Celui de Paris ne sera
construit que vers 1900 (voir V. P. Underwood, *Rimbaud et
l'Angleterre*, Nizet, 1976, p. 54-56).

Commentaires : Michael Spencer, « A fresh look at Rimbaud's
Métropolitain », *Modern Language Review*, octobre 1968.
          Antoine Raybaud, « *Métropolitain*, ou le théâtre de
la ville », *Parade sauvage*, 1987, p. 109-118.
          Sergio Sacchi, « Portrait de l'artiste en grand maga-
sin (le circuit de *Métropolitain*) », *ibid.*, p. 119-135.

1. *mers d'Ossian :* Ossian était un ancien barde écossais. En 1760,
Macpherson avait publié sous ce nom plusieurs poèmes épiques
violents, sombres, exacerbés qui furent admirés par tout le roman-
tisme naissant. Les peintres représentèrent souvent Ossian chantant
au bord de la mer déchaînée.

2. *La bataille :* Cette bataille semble résulter d'une vision de
nuages. Voir *Michel et Christine* (t. II, p. 70).

3. *Samarie :* Ville de Palestine célèbre par la corruption de ses

habitants. Elle est également évoquée dans les « Proses évangéliques » (t. II, p. 93).

4. *les plans de pois :* Certains éditeurs ont corrigé arbitrairement l'orthographe de « plans ». Rimbaud avec ces « plans de pois » où il voit des « crânes lumineux » impose un spectacle particulier qui se trouvait déjà peut-être dans l'étrange poème « Entends comme brame... » (t. II), non daté. Tout ce troisième paragraphe laisse clairement entendre qu'il résulte d'une fantasmagorie (où Rimbaud, de son propre aveu, était passé maître).

5. *Damas :* Rimbaud maintient un fil biblique dans la trame du texte. L'ensemble de ce quatrième paragraphe, labile par ses allitérations, propose une manière d'écriture automatique qui rend sa signification d'autant plus indécidable.

6. *Guaranies :* Peuple indigène d'Amérique du Sud (Brésil, Paraguay, Argentine) colonisé au XVIIᵉ siècle par les Jésuites. Rimbaud avait pu connaître ce peuple par certains livres de Jules Verne. Mais, outre des raisons de décentrement géographique, le terme de Guaranies a fort bien pu être choisi en raison de ses assonances proches du mot précédent « Japonaises ». Nouveau ne l'avait pas compris et dut alors laisser un espace blanc que Rimbaud remplit plus tard de son écriture.

7. *des auberges :* Pour Rimbaud, l'auberge est généralement un havre, celui dont il avait profité une première fois dans l'*Auberge-Verte* (voir t. I, p. 99 et t. II, p. 62).

8. *Elle :* Comme dans le poème *Angoisse* écrit sur le même feuillet. C'est bien un acte amoureux qui semble indiqué ici dans un prodigieux effet d'arc-en-ciel.

BARBARE   p. 93

Ms. B.N., n.a.fr. 14123, fᵒ 24.

Ce poème comporte un étrange refrain, « le pavillon en viande saignante », syntagme nominal formé de termes incompatibles. Le pavillon peut être un lieu de retraite ou une oriflamme. Dans les deux cas, la matière qui le constitue, « la viande saignante », rend sa réalité improbable. La revendication d'être un barbare apparaît fréquemment chez Rimbaud (voir *Michel et Christine* dans les « Vers nouveaux » et *Mauvais sang* dans *Une saison en enfer*). Elle coïncide ici avec la création par les mots d'un nouveau monde qui est aussi un éventail de sensations inouïes. La fin du texte laisse entrevoir un univers sexualisé où s'assouvirait le désir : « larmes blanches », « voix féminine », « volcans et grottes ».

Commentaire : Michael Riffaterre, « Interpretation and Undecidability » dans *New Literary History*, 1981, p. 233-238.

1. *Bien après les jours et les saisons :* Rimbaud reprend-il l'idée d'un « après le déluge », sortie éthique (l'ancien héroïsme) et esthétique (les vieux assassins-haschischins) de ce monde-ci ?

2. Le *pavillon,* la *soie des mers,* les *fleurs arctiques* composent l'un de ces ensembles surprenants que Rimbaud prend soin de nous dire

impossible (« elles n'existent pas »). Signalons que la conquête du pôle (inaboutie à l'époque de Rimbaud) avait eu lieu dans le monde fictionnel de *Vingt Mille Lieues sous les mers*. Le 21 mars, en effet, au pôle antarctique il est vrai, le capitaine Nemo (il n'existe pas, car ce nom en latin signifie « personne » !) plante un drapeau noir en étamine (étoffe, mais aussi fleur) pour signaler que sa révolte domine le monde.

Rimbaud avait également pu lire dans *Femmes damnées* (pièce condamnée publiée par Michel Lévy en 1869 dans le *Complément aux Fleurs du Mal de Charles Baudelaire*) ces deux vers :

« Et le vent furibond de la concupiscence
Fait claquer votre chair ainsi qu'un vieux drapeau. »

3. *brasiers* est écrit au-dessus de *fournaises* biffé. Même correction l. 17.

4. *rafales de givre :* Plusieurs glossateurs ont indiqué que cette expression se trouve dans *La Tentation de saint Antoine* de Flaubert. Mais elle ne présente rien de très caractéristique et ne saurait indiquer une source sûre.

SOLDE   p. 94

Ms. B.N., n.a.fr. 14124, f° 1.

En utilisant le procédé rhétorique de l'anaphore, *Solde* propose à des acheteurs occasionnels toutes les merveilles déployées ici ou là dans les *Illuminations*. Le terme « solde » n'avait pas alors l'acception, courante aujourd'hui, de « liquidation » (voir *Bescherelle*). Il s'agit ici d'une vente — et d'une vente d'objets évidemment précieux (voir Albert Henry, « *Solde* », Colloque de Cambridge, 1987). Nous ne sommes donc pas nécessairement en présence du dernier texte d'une série. Si, pour Yves Bonnefoy, la « métaphore commerciale » signifie « la dégradation en objets finis, inertes et dépareillés, des ambitions initiales » (*Arthur Rimbaud*, 1961, p. 166), pour C. A. Hackett, en revanche, il n'y a pas constat d'échec, mais force intérieure. Le stock à vendre est inépuisable (Rimbaud, *Œuvres poétiques*, 1986, p. 360).

1. *inquestionable :* Certains commentateurs ont vu dans ce mot un anglicisme adapté. A. Henry pense plus raisonnablement qu'il s'agit d'un néologisme inventé par Rimbaud à partir du mot « question » et signifiant « qui ne fait pas de question, incontestable ».

2. *commission :* Au sens commercial du terme, ce qu'un commissionnaire reçoit pour son salaire. On trouve le même mot dans *Enfance V* (p. 57).

FAIRY   p. 95

Ms. B.N., n.a.fr. 14124, f° 2.

Comme un certain nombre d'*Illuminations*, ce texte porte un titre anglais, ce qui ne veut pas dire toutefois qu'il fut composé en

Angleterre. *Fairy* signifie « fée », mais le sens de « féerie » n'est pas à exclure.

Le personnage dominant, Hélène, symbolise la beauté chez les Anciens et les Modernes. Rolland de Renéville y a vu la « personnification gnostique de la force amoureuse » (*Rimbaud le voyant*, rééd. Thot, 1984, p. 104). Pierre Brunel a signalé que le personnage d'Hélène apparaît dans le *Songe d'une nuit d'été* de Shakespeare qui est une « fairy » dont Rimbaud s'inspirera pour écrire *Bottom* (p. 102). Notons aussi qu'Hélène figure dans le second *Faust* de Goethe (2e partie) et qu'il y a chez Rimbaud un désir faustien de tout connaître et de tout aimer. Sur un mode plaisant, Jacques Offenbach avait donné à cette haute figure de l'Antiquité un regain d'actualité en composant son opéra-bouffe *La Belle Hélène* qui, en 1864, avait obtenu un succès remarquable.

Hélène, comme H (voir p. 103), est une image à laquelle Rimbaud semble avoir conféré tous ses pouvoirs. Elle est une sœur du Génie.

Commentaires : Margaret Davies, « *Fairy* et le regret du prédécesseur », *C.A.I.E.F.*, n° 36, mai 1984, p. 169-184.
              F.C. St. Aubyn, « A la recherche des structures de *Fairy* », *Parade sauvage*, n° 2, avril 1985, p. 80-89.

1. *ornamentales* (anglicisme : *ornamentals*) : L'adjectif anglais a le même sens qu'ornementales.

2. *les clartés impassibles dans le silence astral :* Hélène résulte donc d'une influence astrale. Au dernier paragraphe, le mot sera indiqué : « les influences froides ». Rappelons que Castor et Pollux, les frères d'Hélène, furent transformés en astres : les Gémeaux.

3. *L'ardeur de l'été fut confiée à des oiseaux muets :* Hélène est née de Léda et de Jupiter métamorphosé en cygne. Le cygne ne chante pas, sauf, admirablement, avant sa mort, dit la légende.

4. Ce deuxième paragraphe est une curieuse remarque mélodique qui situe momentanément Hélène dans un décor rustique ou sylvestre, du côté d'une Lacédémone (Sparte, où Hélène naquit) de rêve.

JEUNESSE

Commentaire d'ensemble des 4 textes par James Lawler, « The Poet as self-critic : Rimbaud's *Jeunesse* », *The French Review*, vol. 62, n° 1, octobre 1988, p. 11-24.

– I – DIMANCHE   p. 96

Ms. B.N., n.a.fr. 14124, f° 3.

Le titre « Jeunesse » a été ajouté au-dessus du chiffre I. Il est d'une écriture différente, dextrogyre. Encre, plume utilisée, écriture paraissent semblables dans *Enfance, Vies, Départ*.

Le premier paragraphe constitue, par une suite d'abstractions, l'atmosphère languissante d'un dimanche. La vie commerciale cesse : « les calculs de côté » ; on célèbre la messe, « inévitable descente du ciel ». Le narrateur lui-même songe au passé : « visite des souvenirs » et peut-être au poème, « séance des rythmes ».

Le deuxième paragraphe placé entre tirets présente de façon plus ou moins réaliste (comparer avec *Ouvriers*, p. 73) le monde d'ennui du dimanche. Un tel ensemble mériterait d'être rapproché du poème *Mémoire* (t. II) dont il semble une « version ». La résolution finale de Rimbaud rejoint celle des *Poètes de sept ans* où lui-même se représentait lisant son roman sans cesse médité tandis que se faisait la « rumeur du quartier ».

1. *boisements :* Échafaudages.

2. *desperadoes :* Pluriel anglais du mot espagnol *desperados*, signifiant « hommes perdus », « hors-la-loi ».

3. *soupire après, languissent après :* Le sens de ces deux expressions est le même. La femme souhaite une rencontre. Les desperadoes attendent que des événements dissipent leur ennui.

II SONNET   p. 96

Ms. de la fondation Martin Bodmer à Cologny, en Suisse. Sur le même feuillet se trouvent *III Vingt ans* et *IV*. André Guyaux a donné le fac-similé de cette page dans son livre *Poétique du fragment*, Neuchâtel, La Baconnière, 1985, p. 286. Depuis leur première publication en volume (*Poésies complètes*, Vanier, 1895), ces trois textes chiffrés II, III et IV ont été donnés comme la suite logique de *Jeunesse* — I — *Dimanche*. Rien ne le prouve cependant ; mais je n'ai pas jugé bon, cette fois, de remettre en cause l'ordre imposé par la tradition rimbaldienne jusqu'à ce jour.

On s'est longtemps demandé pourquoi Rimbaud avait choisi le titre de *Sonnet* pour ce texte. André Guyaux a probablement trouvé une réponse satisfaisante à ce problème quand il a remarqué que cette « illumination » comportait quatorze lignes, comme un sonnet compte quatorze vers, explication d'autant plus admissible que le titre *Sonnet* a été ajouté après coup (voir A. Guyaux « Pour l'analyse des *Illuminations* », *Le Mythe d'Étiemble*, volume collectif, Didier Érudition, 1979, p. 98-101).

Jusqu'au début de la huitième ligne, Rimbaud présente le monde idyllique d'autrefois où tout était à portée de main. Mais la fatalité attachée à la race humaine intervint. Le désir de connaître le secret de l'amour (comme le firent Ève et Psyché) amena les épreuves, la génération, le premier meurtre.

Une deuxième partie, nettement introduite par un « à présent » (repris à la dernière ligne), semble de rédaction plus confuse — ce que prouvent les surcharges du manuscrit. L' « amour à réinventer » s'y laisse entendre, au nom d'une raison neuve.

1. *la chair n'était-elle pas un fruit pendu dans le verger :* Le 16 mai 1873, Verlaine avait envoyé à Edmond Lepelletier un poème alors intitulé *Invocation* (il sera repris sous le titre *Luxures* dans *Jadis et naguère*, 1884), où l'on trouve ce vers : « Chair ! ô seul fruit mordu des vergers d'ici-bas [...] »

2. *enfantes :* Rimbaud a déjà utilisé ce mot, mais comme substantif, dans *Enfance I* (p. 55).

3. *Psyché :* Selon la fable antique, cette jeune fille était aimée de l'Amour qui venait la voir chaque nuit, mais prenait soin de lui dérober son visage. Curieuse, Psyché finit par allumer une lampe pour contempler son amant endormi, mais elle le réveilla. Une longue suite d'épreuves commença pour elle, dont elle triompha cependant. Elle devint alors immortelle. Cette légende est notamment racontée dans les *Métamorphoses* d'Apulée.

4. *ne sont plus que votre danse et votre voix :* Il est possible qu'il y ait inversion du sujet : « il n'y a plus que votre danse et votre voix ». La pluralité des pronoms personnels n'est pas l'une des moindres difficultés de ce texte. Elle en préserve aussi le sens.

5. *+ :* Est-ce le signe « plus », l'équivalent de l'adverbe *plus* ou un appel de note (d'ailleurs manquante) ? Le mot suivant *raison* surcharge semble-t-il *logi* — sans doute le début du mot « logique » proche, par le sens, de « raison ».

6. *la force et le droit :* Comme l'a remarqué Pierre Brunel (« *Guerre* et le cycle de la force dans les *Illuminations* », *Berenice*, Rome, 1981, p. 28-43), Rimbaud pense peut-être imposer ardemment, par une sorte de croisade, son « nouvel amour ».

III VINGT ANS   p. 97

Ms. de la fondation Martin Bodmer à Cologny, en Suisse.

Pour Yves Bonnefoy (*Arthur Rimbaud*, 1961, p. 144), le titre pourrait dater ce texte d'octobre 1874. Ce que nous devons tenir pour certain, c'est qu'une fois de plus celui qui parle est à l'ancre, dans l'empoissement de l'*adagio*, et qu'il regrette les qualités qui le rendaient admirable autrefois : ingénuité, égoïsme, optimisme.

1. *les nerfs vont vite chasser :* Le verbe « chasser » est emprunté au vocabulaire maritime. Il s'emploie pour désigner un navire qui est entraîné par le courant. L'entraînement nerveux que souhaite Rimbaud remédierait-il à l'*adagio* (air lent et grave) dans lequel il se trouve ? On remarquera qu'il a besoin alors de recourir à la musique (« un chœur ») pour quitter enfin l'immobile ennui.

IV (de JEUNESSE sans doute)   p. 97

Ms. de la fondation Martin Bodmer à Cologny, en Suisse.

Le « tu » qui domine le texte est sans doute façon de se parler dans la chambre du for intérieur. Rimbaud mène une sorte d'examen de conscience (dont *Une saison en enfer* reste le meilleur exemple). La « tentation d'Antoine » apparaît alors pour ce qu'elle est : un ensemble de fausses magies. Rimbaud, décidé à tenter une nouvelle étude, se place sous l'enseigne d'un orgueil souverain (et non plus puéril). Assuré d'éveiller par sa seule voix un monde extraordinaire, il veut se retirer du nôtre, comme dans *Vies III* et surtout *Enfance V* où il se mettait au tombeau pour affiner son rêve.

1. *la tentation d'Antoine* : Rimbaud dénie à l'ermite Antoine la qualité de saint ; mais il songe, de toute évidence, aux hallucinations que celui-ci connut et que de nombreux peintres représentèrent. Les commentateurs (et d'abord Bouillane de Lacoste dans *Rimbaud et le problème des Illuminations*, Mercure de France, 1949, p. 156) ont signalé la probable connaissance qu'il avait du livre de Flaubert, paru dans les premiers jours d'avril 1874, mais dont certains extraits avaient été publiés dans *L'Artiste* les 21 et 28 décembre 1856, 11 janvier et 1er février 1857.

GUERRE   p. 98

Ms. B.N., n.a.fr. 14124, fº 4 (sur le feuillet).

Celui qui parle (est-ce exactement Rimbaud ?) retrace sa vie, repense son enfance fabuleuse et se place dans un « à présent » qu'Yves Bonnefoy a très justement qualifié d'ambigu (*Arthur Rimbaud*, op. cit., p. 144-145). Cet « à présent » étrange se trouve aussi dans *Vies II* et *Jeunesse — II — Sonnet*. A quelle nouvelle résolution correspond-il ? Remarquant une certaine opposition entre enfance et « à présent », Pierre Brunel a proposé de rapprocher *Guerre* de l'ensemble *Jeunesse :* « *Guerre* présente un projet, dont *Jeunesse* expose, sinon le déroulement, en tout cas les antécédents, les résultats fragiles, l'échec temporaire, la nécessaire reprise » (« *Guerre* et le cycle de la force dans les *Illuminations* », *art. cit.*, p. 42). Rimbaud rêve ici à une croisade spirituelle cherchant à remettre en cause le monde et l'esprit tels qu'ils sont, pour affirmer une « logique bien imprévue ». La dernière phrase, laconique dans son évidence, semble une réponse à la fin de *Conte :* « La musique savante manque à notre désir. »

1. *s'émurent :* Se mirent en mouvement.

PROMONTOIRE   p. 99

Ms. Bibliothèque municipale de Charleville, A.R. 555, Réserve

Promontoire est un poème apparemment descriptif où, en réalité, le style et la science des mots créent un paysage. Rimbaud construit un patchwork géographique où se mêlent à plaisir des références hétéroclites. En dépit de ce métissage, V. P. Underwood (*Rimbaud et l'Angleterre*, op. cit., p. 174) s'est obstiné à y voir une description précise de Scarborough (« Scarbro' ») où Rimbaud serait allé en 1874. Dans une analyse rigoureuse et savante, Michael Riffaterre a montré que le mot *promontoire* était déjà porteur d'un certain nombre d'éléments qui se retrouvent dans le texte.

Commentaire : Michael Riffaterre, « Sur la sémiotique de l'obscurité en poésie : *Promontoire* de Rimbaud », *The French Review*, vol. LV, nº 5, avril 1982.

1. *en large* : Cette expression semble être une erreur de copie pour « au large ».

2. *Épire, Péloponnèse* . Provinces de l'ancienne Grèce.

3. *fanums* : Temples, lieux sacrés (mot latin).

4. *théories* : Au sens premier du terme, ce mot, qui vient du grec *théoria*, signifie cortèges.

5. *Embankments* (mot anglais) : Quais d'un fleuve et, plus spécialement, les chaussées bordant la Tamise à Londres.

Allemagne : Après ce mot, Rimbaud avait écrit le fragment de phrase qui va de « les façades circulaires » à « surplombent » et qui apparaît plus loin. S'apercevant de son erreur, il l'a biffé.

7. *Arbres* : Aucune édition jusqu'alors ne donne ce mot au pluriel. Un examen attentif du manuscrit prouve cependant qu'il est ainsi orthographié. On pourra consulter la reproduction très nette de ce poème dans le *Bulletin du Centre culturel Arthur Rimbaud*, cahier n° 2, mars 1972.

8. *Scarbro'* : Ce mot correspond à la prononciation anglaise de Scarborough, port et station balnéaire du Yorkshire où Rimbaud vint durant l'été de 1874. Il s'y trouvait un Grand Hotel et un Royal Hotel.

9. *Brooklyn* : Ville des États-Unis reliée à New York par un énorme pont suspendu.

10. *tarentelles* : Danses endiablées originaires de Tarente en Italie. Cette danse était devenue la danse nationale des Napolitains.

11. *Palais. Promontoire* : Ces deux mots, habituellement rapprochés par un trait d'union dans les éditions, sont, en fait, séparés par un point sur le manuscrit, comme si « Promontoire » avait été ajouté.

SCÈNES   p. 100

Ms. de la collection Pierre Berès. Le fac-similé en a été reproduit pour la première fois dans le livre de Bouillane de Lacoste, *Rimbaud et le problème des Illuminations, op. cit.*, p. 166.

Le titre doit être compris au sens de scènes de théâtre. Rimbaud nous introduit dans les décors et les coulisses. Une architecture mobile et disparate agence l'illusion. On pourrait penser au théâtre de Séraphin dont Baudelaire rapproche les effets du haschisch. Toutefois, certains commentateurs (P. G. Castex, « Rimbaud en 1986. Une année capitale », *L'Information littéraire*, janvier-mars 1987, p. 220) ont vu dans ce texte une critique des dispositions contraignantes de l'ancienne Comédie : « [...] *tous les paragraphes sans exception* évoquent les dispositifs variés qui bornent l'horizon scénique et assujettissent la représentation de la vie aux nécessités d'une machinerie à l'agencement implacable : des tréteaux, un pier en bois, des corridors, un ponton de maçonnerie, des réduits, un amphithéâtre, un décor d'opéra-comique cloisonné [...]. »

1. *pier* : Jetée, môle.

2. *des mystères* remplace *comédiens* biffé. *Mystères* désignerait donc un genre de pièces religieuses représentées à la fin du Moyen Age

3. *Béotiens* : Habitants de la Béotie, province de l'ancienne Grèce, connus pour la grossièreté de leurs mœurs. Dans le cours du poème, Rimbaud a déjà évoqué l'Antiquité : comédie antique, idylles. Mais, à dessein, cette ligne de compréhension est parasitée par des éléments indicateurs de modernité. *L'arête des cultures* ne désignerait peut-être pas simplement des lieux cultivés, mais impliquerait aussi le degré de civilisation des habitants.

SOIR HISTORIQUE   p. 101.

Ms. de la collection Pierre Berès. Il n'existe pas de fac-similé de ce manuscrit. Paul Hartmann a pu le consulter cependant (voir édition des *Œuvres* de Rimbaud, présentée par A. Adam, Club du meilleur livre, 1957).

Le « touriste naïf » constate, par sa « vision esclave », l'état du monde. Saturé de « magie bourgeoise », un tel univers devrait être balayé par une rigoureuse apocalypse. Le mouvement de cette pièce est identique à celui que l'on trouve dans *Après le Déluge*.

Commentaires : Jean-Luc Steinmetz, « Ici, maintenant, les *Illuminations* », *Littérature*, 1973, p. 27-28.
                Antoine Fongaro, « Les échos verlainiens dans les *Illuminations* », *Revue des Sciences humaines*, avril-juin 1962, p. 262-272.

1. *on joue aux cartes au fond de l'étang* : Il faut comprendre que, même au fond de l'étang, on se livre à des occupations très ordinaires.

2. *saintes, voiles, légendaires* ont trait au vieux monde, aux images d'Épinal et à ce que Rimbaud lui-même appelait « les vignettes pérennelles ».

3. *les fauteuils de rois* : Avant l'édition Hartmann, les éditions portaient *rocs* au lieu de *rois*. Dans ce troisième paragraphe, Rimbaud fait allusion à la conquête du monde telle qu'elle était menée à l'époque par les grandes nations impérialistes. Le « petit monde blême et plat » de la bourgeoisie envahissait et décimait les anciennes barbaries.

4. *atmosphère personnelle* : Comprendre ici le lyrisme subjectif auquel Rimbaud s'en était déjà pris dans sa lettre à Paul Demeny du 15 mai 1871 qui annonçait la « poésie objective ». Antoine Fongaro a relevé dans l'ensemble de *Soir historique* une critique implicite du lyrisme verlainien, aussi bien celui des *Fêtes galantes* que celui des *Romances sans paroles* (« mélodies impossibles »).

5. *Les Nornes* : L'équivalent des Parques dans la mythologie germanique. Leconte de Lisle, dans ses *Poèmes barbares* (1862), leur avait consacré un long poème. Ces divinités, tout comme l'Apocalypse de saint Jean, ont prédit une fin du monde ; celle-là était peut-être légende. En revanche, Rimbaud assure que celle qu'il annonce sera bel et bien vérifiée. Le soir historique est inévitable.

BOTTOM   p. 102

Ms. de la collection Pierre Berès (sur la même page que *H*). Un
autre titre, *Métamorphoses*, inscrit sous *Bottom*, a été biffé. Il
correspondait sans doute au titre original. Le fac-similé de ce poème
a été reproduit pour la première fois dans le livre de Bouillane de
Lacoste, *Rimbaud et le problème des Illuminations, op. cit.*, en tête du
volume.

C'est en effet une suite de métamorphoses par lesquelles passe
l'énonciateur du texte. Elles traduisent son animalisation devant
« ma dame » qui, telle la magicienne Circé de l'*Odyssée*, le
transforme en bête. De nombreuses références sont données et
déjouées dans ce poème, notamment celles qui ont trait à Shakes-
peare (Bottom est un personnage du *Songe d'une nuit d'été*) et à
certains contes comme *L'Oiseau bleu* de Mme d'Aulnoy et *Peau
d'Ours*. Le rêve ne compense nullement les insuffisances de la
« réalité épineuse » et le matin n'apporte qu'une solution dégra-
dante au désir du rêveur.

1. *Bottom :* Personnage du *Songe d'une nuit d'été* de Shakespeare,
« féerie » que Rimbaud a très certainement lue. Le cordonnier
Bottom y est finalement métamorphosé en âne par le lutin Puck.
2. *mon grief :* Tout en signifiant « chagrin », ce mot admet sans
doute ici une connotation sexuelle.
3. *les Sabines :* L'Histoire ancienne nous apprend que les Sabines
avaient été enlevées au cours d'une fête par les amis de Romulus qui
n'avaient pas de femmes et souhaitaient peupler la future Rome.
Les Sabins voulurent se venger et les reprendre ; mais avant que le
combat s'engage, les Sabines s'interposèrent entre les adversaires.
L'expression « Sabines de la banlieue » veut surtout dire dans ce
poème « prostituées de la banlieue », comme il y en avait alors dans
les zones avoisinant les fortifications de Paris. Le rapport érotique
des femmes avec l'âne fait songer non seulement à l'histoire de
Bottom, mais aux *Métamorphoses* d'Apulée (IIIe ap. J.-C.) où se
trouve le conte de *Lucius, ou l'Âne*. E. d'Hervilly, dans un poème,
The Park, publié dans *Le Parnasse contemporain*, avait utilisé pour
désigner un âne l'expression « Bottom de banlieue ».

H   p. 103

Ms. de la collection Pierre Berès (sur la même page que *Bottom*).

Cette « illumination » compte parmi celles qui ont suscité le plus
grand nombre d'interprétations, peut-être parce qu'elle se présente
ouvertement comme une devinette. Rimbaud, cependant, se plaît à
nous offrir une solution : H est Hortense. Mais qui est Hortense, en
ce cas ? J'ai remarqué déjà les nombreuses femmes inventées par
Rimbaud dont le prénom commence par H. Il faut aussi considérer
que la lettre h insémine l'ensemble du poème : « hygiène »,
« hydrogène », mais surtout « habitude » qui, d'après Étiemble et

Yassu Gauclère (*Rimbaud,* Gallimard, « Les Essais », nouv. éd. 1966, p. 119-120) et André Guyaux, proposerait la véritable clef de l'énigme. L'habitude désignerait l'onanisme (voir le « Vieux Coppée » écrit par Rimbaud dans l'*Album Zutique* (t. I, p. 208). Aragon, dans *Anicet ou le Panorama, roman,* éd. de la Nouvelle Revue française, 1921, présente sous le prénom d' « Arthur » le personnage de Rimbaud, auquel il donne pour hypothétique partenaire « Hortense », signalant bien par là que cette femme chimérique pourrait se confondre avec l'acte solitaire.

Quel que soit le sens qu'on lui attribue, le prénom si spécifique d'Hortense reste inexpliqué. En fait, Rimbaud nous donne dans son poème une leçon de dynamique textuelle où s'affiche, puis se retire le possible référent que gèrent les signes.

Commentaires : Jean-Luc Steinmetz, « Ici, maintenant, les *Illuminations* », *Littérature,* 1973, octobre décembre, p. 40-41.

André Guyaux, « Rimbaud et le prince impérial », *Berenice,* Rome, mars 1981, p. 89-97.

Pierre Brunel, « La poétique de l'énigme. Une devinette : Hortense », *Minute d'éveil,* collectif, SEDES, 1984, p. 187-197.

Maria Luisa Premuda Perosa, *Une écriture de l'énigme :* « *H* » *de Rimbaud,* Pérouse, éd. Scientifiche Italiane, 1989.

MOUVEMENT   p. 104

Ms. de la collection Pierre Berès. Première reproduction en facsimilé dans *Poétique du fragment* d'André Guyaux, *op. cit.,* p. 290, d'après la photographie conservée dans la William J. Jones collection (Southwest Missouri State College Library, Springfield, Missouri).

Mouvement apparaît dans son thème, mais surtout dans sa forme comme solidaire de *Marine,* même s'il occupe un feuillet isolé. D'après Michel Murat, ni *Marine* ni *Mouvement* ne constituent des exemples de poèmes en vers libres, puisque chez Rimbaud le vers libre continue de rimer (voir les « Vers nouveaux »). Selon le même auteur, ces deux textes présentent une « prose découpée et étagée de manière à fournir une image du vers, dont les signes extérieurs sont repris ».

L'embarcation de *Mouvement* est une véritable arche. Elle construit un « bateau ivre » réussissant son périple, même si demeurent en lui certains restes sentimentaux des amours d'autrefois.

Commentaires : Michel Charolles, « Le texte poétique et sa signification », *Europe,* mai-juin 1973, p. 97-114.

Jean-Pierre Bobillot, « Rimbaud et le " vers libre " », *Poétique,* n° 66, avril 1986, p. 199-216.

Michel Murat, « A propos de *Mouvement* », *Parade sauvage,* n° 4, septembre 1986, p. 69-77.

1. *l'étambot :* Pièce de bois implantée dans la quille d'un navire qu'elle continue à l'arrière.

2. *rampe :* Construction qui, sur les bords d'une rivière ou dans les arrière-ports, permet de faire parvenir à quai les marchandises.

3. *passade* (vocabulaire de l'équitation) : Course d'un cheval qui se compose le plus souvent d'une demi-volte faite rapidement aux deux extrémités d'une piste pour revenir au point de départ.

4. *val* et *strom :* Ces deux mots semblent avoir été déduits d'un « maelström » implicite et mis en rapport avec le couple sémantique aval/amont. *Ström* est un mot germanique signifiant « courant » ou « torrent ». Il fait écho à *trombes* précédemment utilisé.

5. *sport* et *comfort* (mots anglais) : *Comfort* s'écrit ainsi à l'époque. On comparera avec cette phrase de *Solde* (p. 94) : « A vendre les habitations et les migrations, sports, féeries et comforts parfaits [...]. »

6. *Vaisseau :* Le mot porte bien une majuscule sur le manuscrit. On est d'autant plus fondé à croire que ce Vaisseau est une véritable arche que non seulement Rimbaud utilise le mot à la fin de son poème, mais qu'il parle aussi de « lumière diluvienne » (c'est-à-dire propre au déluge) et que les conquérants du monde emmènent les races et les bêtes.

7. *Est-ce ancienne sauvagerie qu'on pardonne ? :* le couple isolé qui semble ne pas participer à la fraternité nouvelle trahit la subsistance d'une ancienne ère sentimentale que les aventuriers de l'arche prétendent bien révoquer.

DÉVOTION   p. 106

Pas de manuscrit connu. Le texte adopté est celui qui parut pour la première fois dans *La Vogue*, n° 9, 21 juin 1886, p. 313.

La lecture de *Dévotion* conduit de surprise en surprise, car ce texte est scandé par divers noms propres ou prénoms qui posent autant d'énigmes. Rimbaud constitue ainsi sa personnelle litanie profane. A son tour, Yves Bonnefoy dans son livre *L'Improbable*, Mercure de France, 1959, a inscrit la suite de ses dévotions. Michel Deguy, citant Georges Dumézil, a relevé « l'ambiguïté menaçante de la dévotion, car Rimbaud fut trop latiniste pour n'avoir pas su (ou pressenti) ce que Dumézil analyse dans *Idées romaines :* " La *devotio* a les sombres apparences d'un acte de désespoir [...] [*elle est*] la pâture jetée au gouffre toujours avide. " La dévotion n'est pas pieuse dédicace, mais exécration, vomissement, défi. » (Dans *Aujourd'hui, Rimbaud*, enquête de Roger Munier, Archives des lettres modernes, Minard, n° 160, 1976, p. 37).

Commentaires : Georges Pomet, « Faut-il décoder Rimbaud ? », *Revue des Sciences humaines,* janvier-mars 1969, p. 73-81.
                    Mario Richter, « Lecture de *Dévotion* d'Arthur Rimbaud », *Saggi e Ricerche di Letteratura francese*, 1981, p. 157-188 (repris dans *Les Deux « cimes » de Rimbaud. « Dévotion » et « Rêve »*, Centre d'étude franco-italien. Université de Turin et de Savoie. Domaine français, n° 12, Genève-Paris, Slatkine, 1986).

Marc Ascione, « *Dévotion* ou : " pour être un dévot, je n'en suis pas moins homme " », *Parade sauvage*, n° 4, septembre 1986, p. 78-89.

1. *Louise Vanaen de Voringhem :* Cette femme est caractérisée comme étant une religieuse. Il n'est pas interdit de penser qu'elle fait allusion à la sœur qui soigna Rimbaud à l'hôpital Saint-Jean à Bruxelles en juillet 1873.

2. *Léonie Aubois d'Ashby :* Personnage indécidable. Dans l'*Ivanhoé* de W. Scott plusieurs fois est nommé le bois d'Ashby, localité d'Ecosse (signalé par Bruno Claisse). Mais surtout le « ash » d'Ashby peut être entendu comme « âche », herbe d'été souvent utilisée comme fébrifuge. *Baou* équivaudrait en ce cas à une interjection de dégoût. Admiratif de ce poème et intrigué par ce nom, André Breton avait consacré un autel à Léonie Aubois d'Ashby durant l'Exposition internationale du surréalisme qui se tint à Paris en 1947. Il l'avait déjà nommée dans *Nadja* (1928), voir *Œuvres complètes*, Bibliothèque de la Pléiade, 1988, t. I, p. 676.

3. *Lulu :* Cette femme évoque les amours saphiques chantées par Baudelaire, et le recueil *Les Amies* (1867) publié sous le manteau chez Poulet-Malassis par Verlaine (sous le pseudonyme de Pablo de Herlagnez [*sic*]).

4. *ce saint vieillard :* Yves Bonnefoy fait remarquer qu'on retrouve ce « vieillard » dans *Phrases* (p. 70) et que cette désignation pourrait également convenir au « brahmane » de *Vies I* (p. 64). A supposer que le texte ait été écrit au moment où Verlaine était incarcéré, il pourrait aussi viser ironiquement celui-ci. L' « ermitage » (forcé) serait, en ce cas, la prison !

5. *Circeto des hautes glaces :* Ce mot, selon toute vraisemblance, combine les termes « Circé » (la magicienne de l'*Odyssée*) et « Ceto ». Ceto veut dire « baleine » en grec. Le spermaceti est la matière blanche et grasse qui entoure le crâne du cachalot. Le mot *spunk* dans l'argot anglais signifie « sperme ». Tout ce passage indiquerait de façon cachée l'acte solitaire, l'onanisme, « ma seule prière muette ».

6. *Mais plus* alors : dans cette expression, *plus* peut être la deuxième partie d'une formule négative ou un adverbe d'intensité. Pierre Brunel voit exprimée là « l'extinction de la dévotion » (*Rimbaud. Projets et réalisations, op. cit.*, p. 288). Je pense plutôt que Rimbaud signale ainsi une volonté de dépassement. Sommes-nous du côté du *more* ou du *nevermore* ?

DÉMOCRATIE   p. 107

Pas de manuscrit connu. Le texte adopté est celui qui parut pour la première fois dans *La Vogue*, n° 9, 21 juin 1886, p. 314.

Ce poème est entièrement placé entre guillemets. Qui parle ? Sans doute les « conscrits du bon vouloir », prêts à engager une guerre impitoyable contre un certain monde. L'esprit de conquête des prétendues « démocraties » modernes est dénoncé ici, mais il n'est pas dit que Rimbaud ne souhaite pas lui aussi une certaine violence qui détruirait les habitudes de chacun, le « confort ».

On comparera ce texte avec « Qu'est-ce pour nous, mon cœur... » dans les « Vers nouveaux » (t. II, p. 55), *Départ* et surtout *Guerre* dans les *Illuminations*.

1. *notre patois étouffe le tambour :* Les mercenaires paysans font taire la musique des indigènes.

2. *les révoltes logiques :* Celles qui se font normalement contre l'envahisseur. Dans *Guerre*, Rimbaud annonce une guerre « de logique bien imprévue ».

3. *la philosophie féroce :* Les deux mots jurent ensemble à dessein.

4. *crevaison :* Le mot est trivial ; il signifie « destruction », « ruine ».

5. *C'est la vraie marche. En avant, route !* : Cette construction en chiasme est surprenante. On s'attendait à : « C'est la vraie route. En avant, marche ! »

GÉNIE   p. 108

Ms de la collection Pierre Berès. Il n'en existe pas de fac-similé. Nous donnons le texte qui parut dans l'édition des *Poésies complètes*, Vanier, 1895, p. 123-125.

Bien des génies apparaissent dans l'œuvre de Rimbaud (*Les Sœurs de charité, Conte*). Le génie concentre en lui toutes les ambitions de son « inventeur ». Il est à la fois dynamisme et accomplissement. Figure de la modernité, il s'oppose à l'ancien sauveur, au Christ. Après l'Éros grec et l'Agapé chrétienne, son message d'amour transgresse toutes les marques temporelles et prétend à une universalité qui ne touche plus simplement l'humanité. Roger Munier pense que la figure de *Génie* « est, dans sa manifestation fulgurante, mais fugace, comme la révélation d'un *au-delà de l'être dans l'être* à jamais sauvé de son propre effectif » (« Arthur Rimbaud et le réel », *La Nouvelle Revue française*, n° 428, septembre 1988, p. 68). Rappelons aussi que Rimbaud connaissait sans doute l'histoire de la Reine du Matin et de Soliman, Prince des Génies, rapportée par Nerval dans son *Voyage en Orient* (repris dans les *Œuvres complètes*, M. Lévy, 1867). On y voit l'architecte Adoniram qui appartient à la race des Génies (préadamites) et connaît les secrets de la magie. « Un mouvement de ses sourcils le ferait roi d'Israël », dit à son propos Salomon.

1. *l'amour, mesure parfaite et réinventée :* Rimbaud reprend (ou prépare) la formule d'*Une saison en enfer :* « l'amour est à réinventer ».

2. *il ne redescendra pas d'un ciel :* Il ne fera pas comme le Christ Dieu fait homme.

3. *c'est fait, lui étant :* On songe à l'« étant » (*being*) de *Being Beauteous* (voir p. 62) et à la formule par laquelle Mallarmé caractérisait le Livre : « fait, étant ». (*L'Action*, dans *La Revue blanche*, 1er février 1895).

4. *le brisement de la grâce :* Celle qui frappa saint Paul sur le chemin de Damas. A cette grâce (chrétienne) succédera la violence de la nouvelle ère impétueuse. *Croisée* signifie ici « mêlée de ».

5. *agenouillages anciens et les peines* relevés : Il ne s'agit plus d'adorer humblement ce génie, comme on le faisait du Christ. *Relevés* (souligné dans le texte) s'accorde avec « agenouillages » et « peines ». Le sens du mot est d'ailleurs différent selon qu'il s'applique à « agenouillages » (il signifie alors « remis debout ») ou à « peines » (il veut dire, en ce cas, « supprimées »).

6. *les migrations :* Voir *Solde*, *Mouvement* et ce passage d'*Une saison en enfer :* « Je rêvais [...] déplacements de races et de continents. »

7. *L'orgueil* s'oppose aux charités du monde chrétien.

8. *le renvoyer :* René Char, dans « Arthur Rimbaud », texte de 1956 repris dans *Recherche de la base et du sommet*, nouv. éd., Gallimard, 1965, a écrit à ce propos : « Comme Nietzsche, comme Lautréamont, après avoir exigé tout de nous, il nous demande de " le renvoyer ". Dernière et essentielle exigence. Lui qui ne s'est satisfait de rien, comment pourrions-nous nous satisfaire de lui ? »

CORRESPONDANCE

Exceptionnellement, nous reproduisons dans ce volume cette lettre à Delahaye déjà donnée dans le tome II. Elle concerne, en effet, les *Illuminations* aussi bien qu'*Une saison en enfer*. En revanche, nous n'avons pas retenu ici les autres lettres de Rimbaud de 1873. Le lecteur pourra s'y reporter dans le volume précédent.

LETTRE A ERNEST DELAHAYE, mai 1873   p. 113

Première publication dans *La Nouvelle Revue française*, juillet 1914, p. 52-54. Fac-similé reproduit, accompagné de notes de Steve Murphy, dans le *Bulletin* n° 1 de *Parade sauvage*, février 1985, p. 61-64. Nous avons respecté les bizarreries orthographiques de l'original.

Rimbaud était arrivé à Roche le 11 avril, jour du Vendredi saint. Isolé dans sa famille, il ne pouvait venir à Charleville. Ernest Delahaye restait l'ami fidèle à qui il aimait se confier.

1. *Laïtou :* L'explication du curieux « Laïtou » est donnée dans la parenthèse : (« Roches [*sic*]») et dans un dessin de la lettre elle-même représentant grossièrement une agglomération et sous-titré « Laïtou mon village ». A côté de ce croquis, on lit la phrase : « La *mother* m'a mis là dans un triste trou. » Or, « trou la laïtou » était le refrain de plusieurs chansons tyroliennes en vogue à l'époque. Maria Luisa Premuda Perosa a signalé que Vallès dans *Le Cri du peuple* du 5 mai 1871 avait opposé « les chanteurs des P'tits agneaux » [*les Français*

chantant « *il pleut bergère* »] aux chanteurs de « La-i-tou » [*les Prussiens*] (voir « Un refrain populaire et la lettre de Laïtou » dans *Arthur Rimbaud : Poesia e Avventura*, Pise, Paccini, 1987, p. 114).

2. *Ô Nature ! ô ma mère :* Parodie du vers de Musset dans *Souvenir :* « Eh bien ! qu'importe encore ? Ô nature ! ô ma mère ! / En ai-je moins aimé ? » La première page de la lettre de Rimbaud est ornée d'un dessin où il se représente, les cheveux longs et tenant un bâton. Autour de lui, grossièrement indiqués, un décor champêtre, une oie chantant « ô nature, ô ma tante » et, plus loin, un paysan brandissant une pelle et disant « ô nature, ô ma sœur ! ».

3. *Charlestown :* Charleville.

4. *l'Univers, la Bibliothè* [sic] : Le café de l'Univers et la Bibliothèque municipale restaient donc toujours les lieux favoris de Rimbaud.

5. Rimbaud semble clairement indiquer ici qu'il écrit la partie de la future *Saison en enfer* qui sera intitulée *Mauvais sang*, et tout spécialement les cinquième et sixième sections. Le projet proprement dit d'*Une saison en enfer* n'apparaît donc pas encore, mais l'idée d'un livre s'opposant à l'esprit du christianisme semble d'ores et déjà retenue.

6. *Nôress :* pour *Nord-Est*, journal de Charleville. Verlaine devait voir, en effet, Léon Deverrière, un ancien ami de Georges Izambard, bien connu de Rimbaud également et qui, après avoir été quelque temps professeur de philosophie à l'Institution Rossat, était devenu rédacteur en chef du *Nord-Est* (dont l'imprimeur était F. Devin). Le livre que Verlaine voulait faire imprimer était les *Romances sans paroles* (alors dédiées à Rimbaud).

7. *enmerdés* [sic] : Gras, encrassés d'encre.

8. *contemplostate :* Bon exemple du genre de néologismes que Verlaine, Rimbaud et Delahaye utilisaient entre eux. On comprend, bien entendu, la « contemplation ». Mais le mot prostate s'entend aussi et détruit le sens noble du mot « nature » qui suit.

9. *m'absorculant :* M'absorbant.

10. *un rendez-vol :* Un rendez-vous.

11. *Boulion :* Pour Bouillon, petite ville de Belgique située près de la frontière, où Rimbaud retrouva un dimanche Verlaine et Delahaye. Verlaine lui aussi jouera sur ce nom propre et le transformera en *Boglione*.

12. *fraguemants en prose :* Pour « fragments en prose ». Quels textes Rimbaud désigne-t-il ici ? On a pensé parfois (André Guyaux, *Poétique du fragment*, La Baconnière, 1986) aux *Illuminations* dont Verlaine dira plus tard qu'il s'agissait de « superbes fragments ». Mais en quoi, dans ce cas, consistaient les fragments de Verlaine ?

13. *Prussmars :* Prussiens.

14. *Vouziers :* Sous-préfecture (« sous-préfecte ») du département des Ardennes, située sur l'Aisne. Vouziers comptait alors un peu plus de 3 000 habitants et non « 10 000 âmes » comme le dit Rimbaud. Considère-t-il alors que les « Prussmars » ont apporté un tel renfort de population ? C'est probable, et volontairement comique.

15. *demi-douzaine :* Le renseignement donné par Rimbaud est

d'importance. Il a donc déjà écrit à cette date trois histoires (font-elles partie de la future *Saison* ou des *Illuminations* ?). Son projet semble comporter alors neuf histoires. *Une saison en enfer* contien-dra huit chapitres (?) de longueurs très inégales. On notera surtout que *Mauvais sang* (qui contient deux « histoires nègres ») est formé de huit parties, ou séquences.

16. Faust : C'est évidemment une histoire satanique par excel-lence qui correspond assez aux ambitions d'*Une saison en enfer*.

17. *La Bibliothèque populaire* : Elle publiait une « collection des chefs-d'œuvre des littérateurs français et étrangers » à vingt-cinq centimes le volume.

18. *Shakespeare* : Les références à Shakespeare sont nombreuses chez Rimbaud, mais surtout dans les *Illuminations* (voir *Bottom*).

LETTRE A ERNEST DELAHAYE, 5 mars 1875 (mais la lettre elle-même, et non l'enveloppe, porte la date du 5 février)   p. 115

Autographe dans la collection Alfred Saffrey. Première publication par Paterne Berrichon dans *La Nouvelle Revue française,* juillet 1914, p. 54-55. Fac-similé accompagné de notes de S. Murphy dans *Parade sauvage,* n° 8, septembre 1991, p.35-45.

En janvier 1875, Rimbaud s'était mis à apprendre l'allemand. Le 13 février, il était parti pour Stuttgart dans l'intention d'y faire du commerce, sans doute. Début mars, il logeait chez un certain M. Lübner, rue Wagner (Wagnerstrasse) où il était précepteur. De son côté, Verlaine avait été libéré de la prison de Mons le 16 janvier. Très vite, il avait cherché à revoir Rimbaud.

La lettre de Rimbaud contient plusieurs dessins. L'un représente un homme avec une abondante chevelure, une moustache de chat et des favoris. Il est surchargé de cette légende écrite en majuscules d'imprimerie : WAGNER VERDAMMT IN EWIGKEIT ! (Wagner damné pour l'éternité !). D'autres dessins ornent cette lettre.

1. *un chapelet aux pinces* : Verlaine, en effet, s'était converti en prison et il avait écrit les poèmes de *Sagesse,* recueil essentiellement religieux qui ne sera publié qu'en 1880. Rimbaud avait reçu une copie du poème *Crimen amoris,* écrit durant cette période, et il savait que Verlaine songeait à le convertir.

2. là-bas dans l'île : Il s'agit d'une citation, comme le prouve le soulignement de cette partie de la phrase. Rimbaud rappelle un vers de Théodore de Banville au sujet de Victor Hugo à Guernesey : « Mais le Père est là-bas, dans l'île [...] » (voir *Ballade* dans *La Renaissance littéraire et artistique* du 8 juin 1872). L'île désigne ici l'Angleterre.

3. *Wagner* : Nom de la rue (Wagnerstrasse) où Rimbaud avait d'abord loué une chambre. A partir du 15 mars, il logera au 2, Marienstrasse, dans une « charmante chambre » (*Ein freundliches Zimmer*). Le Wagner de la rue ainsi nommée n'est évidemment pas le musicien Richard Wagner, déjà célèbre à l'époque. Il semble bien

toutefois que ce soit à lui que fassent allusion le dessin satirique et sa légende, qui se trouvent dans la lettre de Rimbaud.

4. *j'excèpe* : Pour « J'en excepte ».

5. *imperbédueuse* : Pour imperpétueuse. Rimbaud imite ici l'accent allemand, comme l'avaient fait parfois Balzac dans ses romans pour des personnages d'outre-Rhin et Baudelaire pour traduire *L'Ange du Bizarre* d'Edgar Poe (voir aussi le poème de Rimbaud, *Age d'or*, t. II. L'ensemble de la phrase doit être ainsi compris : « [...] dont j'en vide un verre en face des côteaux qui l' [*ce vin de Riessling*] ont vu naître, à ta santé imperpétueuse. » L'adjectif *imperpétueuse* est un néologisme à valeur superlative peut-être formé sur « impétueuse ». C'est un emprunt au langage moqueur du soldat Boquillon, héros du caricaturiste Humbert. Verlaine, Rimbaud, Delahaye se servaient souvent de ses expressions dans leurs propos. Voir aussi *L'Éclatante victoire de Sarrebrück*, t. I, p. 101.

LETTRE A ERNEST DELAHAYE, 14 octobre 1875   p. 116

Première publication dans *La Nouvelle Revue française*, juillet 1914, p. 55-57, « Trois lettres inédites de Rimbaud » présentées par Paterne Berrichon. Fac-similé accompagné de notes de S. Murphy dans *Parade sauvage*, n° 6, juin 1989, p. 14-54.

Durant l'année 1875, Rimbaud, après avoir été en Allemagne, puis en Italie, était revenu à Charleville vers le 6 octobre. À ce moment, son ami Ernest Delahaye, qui venait d'être enfin reçu à la première partie du baccalauréat (il avait vingt-deux ans !), exerçait les fonctions de surveillant au collège de Soissons.

1. *le Postcard* : La carte postale. Verlaine, qui avait revu Rimbaud en février 1875, était parti le 15 mars en Angleterre où il avait trouvé une place d'enseignant à Stickney dans le Lincolnshire. Après avoir passé les grandes vacances (août-septembre) chez sa mère à Arras, il était revenu à Stickney. Rimbaud songeait surtout à lui demander de l'argent. Il lui en avait déjà extorqué en septembre pour prendre des leçons de piano. La dernière lettre connue de Verlaine à Rimbaud date de décembre 1875. Après quoi cessera toute relation épistolaire entre eux.

2. Le *Loyola* : C'est ainsi que Rimbaud appelait désormais Verlaine qui s'était converti, on le sait, à la prison de Mons et songeait à le convertir. *Loyola* fait référence au fondateur de l'ordre des Jésuites, saint Ignace de Loyola.

3. « *classe 74* » : Les mots que Rimbaud met entre guillemets citent probablement les termes de la convocation qu'il avait reçue ou de l'affiche annonçant ce recrutement. Rimbaud avait eu vingt ans le 20 octobre 1874. Mais, son frère Frédéric s'étant engagé pour cinq ans, il avait pu bénéficier ainsi d'une dispense de service militaire.

4. *la chambrée de nuit* : Pensant aux soldats du contingent, Rimbaud en vient à écrire le poème intitulé *Rêve* et le premier vers d'une *Valse*.

Ce poème, bien sûr ironique, a vivement frappé A. Breton dès sa publication en 1914. Il s'en est inspiré pour écrire les derniers poèmes de *Mont de Piété*, 1919. Dans « Situation surréaliste de l'objet » (conférence prononcée à Prague en 1935), il y perçoit « la quintessence des scènes les plus mystérieuses des drames de l'époque élisabéthaine et du second Faust ». Il l'a retenu dans son *Anthologie de l'humour noir*, 1940, et n'a pas hésité à parler à ce propos de « l'entre tous admirable poème *Rêve* de 1875 qui constitue le testament spirituel et poétique de Rimbaud ». Mario Richter en a fait pareillement une exégèse, cette fois catholique ! et pour le moins surprenante, dans *Les Deux « cimes » de Rimbaud.* « *Dévotion* » *et* « *Rêve* », Genève-Paris, Slatkine, 1986. Or, malgré la présence répétée dans le texte d'un « génie » qui se distingue des soldats de la chambrée, tout en suscitant leur chœur comique, ce « rêve » demeure peu convaincant tant par son contenu que par son style. *Rêve* est motivé par les circonstances. Contrairement à Mario Richter qui va jusqu'à voir ici une sorte de Cène, nous percevons plutôt dans ces quelques vers l'horrible échec d'un « Homais » « fasciné par le néant », pour reprendre l'appréciation d'Yves Bonnefoy (*Entretiens sur la poésie*, Neuchâtel, La Baconnière, 1981, p. 170).

5. *Émanations, explosions :* André Breton a fait remarquer (*Anthologie de l'humour noir*, réed. 1966, p. 214) que Baudelaire avait déjà utilisé ces termes pour définir le comique : « Pour qu'il y ait comique, c'est-à-dire émanation, explosion, dégagement de comique [...] » (*De l'essence du rire*, repris dans *Curiosités esthétiques*, M. Lévy, 1868). Mais, dans le contexte de cette lettre, « émanations » désigne clairement les mauvaises odeurs du local, et les « explosions » sont en rapport direct avec cette signification.

6. *Lefèbvre :* Ce Lefebvre était le fils du propriétaire du 31, rue Saint-Barthélemy, où habitait alors Mme Rimbaud. La nouvelle recrue fait de l'esprit pour répondre au génie. Elle invoque Keller (quel air !), député monarchiste du Bas-Rhin, qui voulait porter à trois ans la durée du service militaire.

7. La *Valse* qui suit relève des drôleries du comique troupier dont le Boquillon créé par Albert Humbert avait déjà donné l'exemple. Benoît de Cornulier me fait remarquer que l'expression qui suit, « On nous a joints », comporte un jeu de mots, *joindre* signifiant aussi bien « unir » (ici pour une valse) ou apparier que « toucher » « atteindre » en termes de communication (et l'on devait mobiliser la « classe 74 » — comme Rimbaud le dit plus haut).

8. *s'y absorbère :* Nouvel exemple du langage déformé dont Verlaine, Rimbaud et Delahaye usaient couramment entre eux.

9. *les « Loyolas » :* C'est-à-dire les lettres venant de Verlaine le Loyola.

10. *saisons :* Sous la plume de Rimbaud, ce mot prend valeur de citation. L'épithète « agréables » doit être entendue par antiphrase. Rimbaud se prépare donc de nouvelles « saisons en enfer » en choisissant le civisme et le travail humain.

11. « *gentil labeur* » : Les guillemets indiquent qu'il s'agit d'une citation. On songe à Villon, mais aussi à Charles d'Orléans, deux

poètes que Rimbaud avait plagiés dans sa narration du printemps 1870 (voir t. I, p. 45). « Gentil labeur » doit se comprendre comme « horrible travail », en l'occurrence.

12. *Petdeloup* : En langage populaire, vieil universitaire ridicule, d'après le nom d'un personnage créé par Nadar en 1849.

13. *les gluants pleins d'haricots patriotiques ou non* : Dans le langage populaire, un « gluant » désigne un personnage importun, encombrant. Rimbaud fait allusion aux élèves que Delahaye devait surveiller. Il les dit « pleins d'haricots » (et non « de haricots ») parce que l'on mange habituellement en surabondance cette nourriture dans les réfectoires des établissements scolaires et dans les casernes.

14. *schlingue* : En argot, le verbe schlinguer signifie puer.

15. *en « passepoil »* : Le mot « passepoil », qui désigne d'habitude une sorte d'ourlet de drap dont on borde diverses parties de l'uniforme militaire, prend ici un sens difficile à déterminer. Il s'agit, en tout cas, de faire *passer* une lettre sans témoin fâcheux (la mère de Rimbaud, par exemple). Le « Némery » nommé plus loin était, en fait, un certain Jean-Baptiste Hémery, employé à l'Hôtel de Ville de Charleville à qui Rimbaud s'était fié pour avoir son courrier sans l'intermédiaire du facteur.

LETTRE AUX SIENS, 17 novembre 1878   p. 125

Première publication dans le recueil établi par Paterne Berrichon, *Lettres de Jean-Arthur Rimbaud*, Mercure de France, 1899. La reproduction photographique se trouve au musée Rimbaud de Charleville.

Après avoir passé l'été 1878 à Roche, Rimbaud était parti en octobre. Il comptait traverser l'Europe et s'embarquer en Italie pour l'Égypte, comme il avait fait l'an passé. Cette lettre est la plus longue qu'il ait envoyée à sa famille. Elle vaut par la précision du style et la netteté de la description.

1. *Wesserling* : Centre principal de la commune de Husseren-Wesserling (Haut-Rhin), au cœur des Vosges. Gare du chemin de fer d'Alsace et Lorraine.

2. *Splügen* : Petit village de Suisse du canton des Grisons.

3. *Le fameux tunnel* . Le tunnel ferroviaire du Saint-Gothard était long de quinze kilomètres. Il partait de Göschenen en Suisse et atteignait Airolo dans le Tessin. Les travaux, commencés en 1872, allaient s'achever en cette fin d'année 1878.

4. *un pierrot dans un four* : Par le mot *pierrot*, je pense que Rimbaud désigne ici un moineau.

5. *une cantonnière* : Je comprends qu'il s'agit d'une habitation de cantonnier. Mais ce mot n'a pas cette acception, généralement.

LETTRE AUX SIENS, 25 août 1880   p. 129

Première publication par Paterne Berrichon dans *Lettres de Jean-Arthur Rimbaud, op. cit*

Rimbaud avait passé l'hiver à Roche. En mars, il avait regagné Chypre où il avait déjà travaillé en 1878 et 1879. En juillet, pour une raison qui reste obscure (peut-être le meurtre d'un ouvrier), il avait donné sa démission. Il était parti pour les ports de la mer Rouge. Après bien des tentatives infructueuses, il était parvenu à se faire engager à Aden dans une entreprise, l'agence Viannay, Bardey et Cie.

1. *un général en retraite :* Il s'agit d'un certain M. Dubar, ancien officier et colonel d'une région du Rhône en 1870-1871. Alfred Bardey l'avait pris pour collaborateur. Voir les souvenirs d'A. Bardey dans *Études rimbalbiennes*, 1968.

2. *six francs par jour :* Soit 180 francs actuels.

3. *Aden :* La *Grande Encyclopédie* (Lamirault et Cie) note qu'Aden, en 1881, comptait 14 713 habitants, que le climat y était très chaud, insupportable pour les Européens et que, l'arrière-pays ne produisant rien, tous les vivres étaient importés — ce qui expliquait que la vie fût très chère sur ce territoire britannique, port-franc sur la mer Rouge et grand lieu de commerce.

4. *il n'y a pas :* Il n'y a pas moyen de faire autrement.

LETTRE AUX SIENS, 13 décembre 1880   p. 131

Autographe de la Bibliothèque Jacques Doucet. Première publication dans *Lettres de Jean-Arthur Rimbaud, op. cit.*

Cette lettre témoigne du premier contact de Rimbaud avec cette ville de l'Abyssinie orientale, capitale de la province du même nom. Il allait y rester plusieurs années. Les Égyptiens l'occupaient depuis 1875. Ménélik II la réunira à son empire en 1887.

1. Les 100 francs et *les objets :* Allusion à une lettre précédente datée du 2 novembre 1880. La maison Bardey devait envoyer directement à Mme Rimbaud l'argent dont il est question. Quant aux objets, il s'agissait surtout de livres techniques dont Rimbaud avait fait la demande.

2. *les Gallas :* Population de nomades du sud de l'Éthiopie. Ils étaient réputés pour leur cruauté.

LETTRE AUX SIENS, 25 mai 1881   p. 132

Première publication dans *Lettres de Jean-Arthur Rimbaud*, 1899, *op. cit.* L'autographe appartenait à Paul Claudel. Henri Guillemin l'aurait vu (voir « Connaissance de Rimbaud », *Mercure de France*, 1er juin 1953).

Il aurait été daté d'Aden et non de Harar. Mais, le 25 mai 1881, Rimbaud était bien à Harar. Il s'apprêtait à faire une expédition à Bubana, à cinquante kilomètres de la capitale.

1. *A ton âge :* Mme Rimbaud avait alors cinquante-six ans. Rimbaud semble voir sa mère plus vieille et plus fatiguée qu'elle n'était en réalité, elle qui devait de beaucoup lui survivre.

2. *5 000 francs :* Soit 150 000 francs actuels. Cette somme de 5 000 francs, qui corrige les 3 000 francs de l'édition donnée par Berrichon, est portée dans l'édition de la Bibliothèque de la Pléiade de 1972 (p. 330) et résulte d'une correction proposée par Henri Guillemin. Cependant, A. Adam remarque aussi (p. 1106) que Rimbaud à l'époque ne pouvait posséder une telle somme ! Ne pouvant consulter le manuscrit, nous continuons cependant à faire confiance aux remarques de H. Guillemin.

LETTRE AUX SIENS, 6 mai 1883   p. 133

Autographe se trouvant à la Bibliothèque Jacques Doucet. Première publication dans les *Lettres de Jean-Arthur Rimbaud, op. cit.*

En 1882, Rimbaud avait travaillé à Aden. En janvier 1883, il avait signé un nouveau contrat pour deux ans avec l'agence Bardey. Depuis avril 1883, il était de nouveau chargé de l'agence de Harar.

1. *photographie :* Depuis 1882, Rimbaud désirait faire de la photographie. Il avait, en effet, le dessein de « faire un ouvrage pour la Société de Géographie avec des cartes et des gravures, sur le Harar et les pays Gallas » (lettre du 18 janvier 1882 aux siens et à E. Delahaye). Grâce à l'appareil photographique, il comptait prendre des vues de « ces étranges contrées » et les intercaler dans son ouvrage. Certaines photos prises par Rimbaud (notamment celles qu'il envoie ici et qu'il décrit) ont été reproduites dans le livre d'Alain Borer, *Un sieur Rimbaud se disant négociant,* Lachenal et Ritter, 1983.

2. *mon contrat :* Rimbaud avait renouvelé son contrat le 20 mars 1883, jusqu'à la fin de décembre 1885.

3. *des nouvelles politiques :* Ces nouvelles en 1883 ne pouvaient être très remarquables. Jules Grévy était président de la République depuis 1879, et Jules Ferry de nouveau Premier ministre depuis février 1883.

LETTRE AUX SIENS, 23 août 1887   p. 136

Autographe de la Bibliothèque Jacques Doucet.

A partir de 1883, Rimbaud fera de grandes expéditions à l'intérieur de l'Abyssinie. Il reconnaîtra notamment le territoire de l'Ogadine sur lequel il rédigera un rapport qui sera publié dans les comptes rendus des séances de la Société de Géographie. En 1885-1886, il avait monté avec Labatut (qui mourra bientôt) une expédition en vue de fournir des armes à Ménélik. Cette expédition tournera mal et Rimbaud en tirera beaucoup moins de profit qu'il ne pensait. Épuisé par ses voyages et le travail de ces dernières années, il décide durant l'été de 1887 de venir au Caire prendre quelque repos. Il en profite pour déposer au Crédit Lyonnais l'argent qu'il avait et pour communiquer au journal *Le Bosphore égyptien* le récit de ses dernières expéditions.

1. *mon associé* : Après la mort de Labatut, Rimbaud s'était associé avec Paul Soleillet ; celui-ci, à son tour, devait bientôt mourir (le 9 septembre 1886). Mais c'était Pierre Labatut qui avait contracté de nombreuses dettes au Choa.

LETTRE AUX SIENS, 20 février 1891   p. 138

Première publication dans *Lettres de Jean-Arthur Rimbaud, op. cit.,* L'autographe de cette lettre a été vendu à l'Hôtel Drouot le 29 mai 1968.

1. *Ma situation par rapport au service militaire* : Cette question inquiétera beaucoup Rimbaud dans les derniers mois de sa vie. Il avait été cependant dispensé de service en 1875, mais il était en sursis de périodes d'instruction jusqu'à son retour en France.

LETTRE A SA MÈRE ET A SA SŒUR, datée du 21 avril 1891.   p. 140.

Autographe de la collection B. Loliée. La première publication en a été faite dans les *Lettres de Jean-Arthur Rimbaud, op. cit.*

Rimbaud, malade, s'était fait porter sur une civière construite d'après ses plans. Partis de Harar, les porteurs avaient traversé le désert pour atteindre enfin Warambot. Ce douloureux voyage avait duré du 7 au 17 avril. De Warambot, on avait emmené Rimbaud au port de Zeilah où il s'était embarqué pour Aden.

Henri Guillemin, dans son livre *A vrai dire*, Gallimard, 1956, a commenté cette lettre et lui a restitué sa vraie date (jeudi 21 mai 1891).

1. *ma jambe gauche* : Il s'agit d'un lapsus. C'est de la jambe droite que souffrait Rimbaud.

2. *hydarthrose* : Accumulation du liquide séreux dans une articulation. Vitalie, elle aussi, était morte en décembre 1875 d'une maladie du genou et de complications articulaires, diagnostiquées sous le nom de synovite tuberculeuse.

3. *f[ran]cs 36 800* : C'est-à-dire 1 104 000 francs actuels.

LETTRE A SA SŒUR ISABELLE, 10 juillet 1891   p. 141

Ancienne collection Barthou. Première publication dans les *Lettres de Jean-Arthur Rimbaud, op. cit.*

Rimbaud venait d'être amputé de la jambe droite.

1. *ma situation* : C'est encore sa situation militaire qui soucie Rimbaud, alors que son infirmité l'en exemptait. Mais par une de ses lettres précédentes (du 24 juin 1891), nous savons que Mme Rimbaud l'avait informé qu'il était considéré comme insoumis.

LETTRE AU DIRECTEUR DES MESSAGERIES MARITIMES, 9 novembre 1891   p. 144

Première publication dans le livre d'Isabelle Rimbaud, *Reliques*, Mercure de France, 1921.

Cette dernière lettre, dictée par Rimbaud à sa sœur la veille de sa mort, révèle l'incohérence de son esprit épuisé par la douleur en dépit des calmants qu'on lui donnait. Elle manifeste aussi son obsession de partir, même dans l'état le plus désespéré et, encore une fois, d'échapper à l'Europe.

1. *UN LOT* : L'énumération qui suit rappelle très certainement les produits qu'achetait ou troquait Rimbaud en Abyssinie et, en l'occurrence, des défenses d'éléphants. Nous lisons bien ici sa dernière « Solde » !

BIBLIOGRAPHIE

I. — Principales éditions des œuvres de Rimbaud

Une saison en enfer, Bruxelles, Alliance typographique, Poot et Cie, 1873.

Les Illuminations, notice de Paul Verlaine, publication de la revue *La Vogue*, 1886.

Reliquaire. Poésies, préface de Rodolphe Darzens, L. Genonceaux, 1891.

Les Illuminations. Une saison en enfer, notice par Paul Verlaine, Vanier, 1892.

Poésies complètes, préface de Paul Verlaine, Vanier, 1895.

Œuvres, préface de Paterne Berrichon et Ernest Delahaye, Mercure de France, 1898.

Lettres de Jean-Arthur Rimbaud : Égypte, Arabie, Éthiopie, avec une introduction et des notes de Paterne Berrichon, Mercure de France, 1899.

Œuvres : vers et proses, édition établie par Paterne Berrichon, préface de Paul Claudel, Mercure de France, 1912.

Poésies (fac-similés des autographes), Messein, « Les Manuscrits des maîtres », 1919.

Lettres de la vie littéraire d'Arthur Rimbaud (1870-1875), commentées par Jean-Marie Carré, Gallimard, 1932.

Poésies, édition critique de Henry de Bouillane de Lacoste, Mercure de France, 1939.

Une saison en enfer, édition critique de H. de Bouillane de Lacoste, Mercure de France, 1941.

Illuminations. Painted Plates, édition critique de H. de Bouillane de Lacoste, Mercure de France, 1949.

Œuvres complètes, texte établi et annoté par A. Rolland de Renéville et Jules Mouquet, Gallimard, Bibliothèque de la Pléiade, 1946.

Illuminations, traduction, introduction et notes par Mario Matucci, Florence, Sansoni, 1952.

Une saison en enfer, traduction, introduction et notes par Mario Matucci, Florence, Sansoni, 1955.

Œuvres, édition présentée par Antoine Adam, texte révisé par Paul Hartmann, Club du meilleur livre, 1957.

Pages choisies, notes, introduction, notice par Étiemble, coll. « Classiques Larousse », 1957. Édition remise à jour en 1972.

Poèmes, introduction de Pierre Moreau, notes de Michel Décaudin, Hachette, coll. « Flambeau », 1958.

Poésies. Une saison en enfer. Illuminations, texte établi et présenté par Antoine Raybaud, Bibliothèque de Cluny, 1959.

Œuvres, introduction et notes par Suzanne Bernard, Classiques Garnier, 1960. Édition revue et corrigée par André Guyaux en 1981. Nouvelle édition en 1987.

Les Illuminations, préface de Pierre Jean Jouve, Lausanne, Mermod, 1962.

Œuvres poétiques, préface de Michel Décaudin, Garnier-Flammarion, 1964.

Opere, traduction, introduction et notes par Ives Margoni, Milan, Feltrinelli, 1964.

Correspondance avec Alfred Ilg, 1888-1891, préface et notes de Jean Voellmy, Gallimard, 1965.

Complete Works. Selected Letters, traduction, introduction et notes par Wallace Fowlie, University of Chicago Press, 1967.

Illuminations, texte établi, annoté et commenté par Albert Py, avec une introduction et un répertoire des thèmes, Genève-Paris, Droz-Minard, 1968. Rééd. 1969.

Œuvres complètes, édition présentée et annotée par Antoine Adam, Gallimard, Bibliothèque de la Pléiade, 1972.

Poésies, édition établie par Daniel Leuwers, Livre de poche, 1972. Nouvelle édition augmentée, 1984.

Poésies. Une saison en Enfer. Illuminations, préface de René Char, édition établie par Louis Forestier, Gallimard, « Poésie », 1973. Nouvelle édition en 1987.

Illuminations, introduction et commentaires par Nick Osmond, Londres, Université de Londres, The Athlone Press, 1976.

Poésies, édition critique, introduction, classement chronologique par Marcel A. Ruff, Nizet, 1978.

Poésies (1869-1872), édition établie par Frédéric Eigeldinger et Gérald Schaeffer, Neuchâtel, La Baconnière, 1981.

Manuscrits autographes des *Illuminations,* reproduits et transcrits par Roger Pierrot, Ramsay, 1984.

Illuminations, texte établi et commenté par André Guyaux, Neuchâtel, La Baconnière, 1986.

Œuvres poétiques, textes présentés et commentés par Cecil Arthur Hackett, L'Imprimerie nationale, « Lettres françaises », 1986.

Une saison en enfer, texte présenté et commenté par Pierre Brunel, José Corti, 1987.

II. — ÉTUDES BIOGRAPHIQUES CONSACRÉES À RIMBAUD

Paterne BERRICHON, *Jean-Arthur Rimbaud. Le Poète (1854-1873),* Mercure de France, 1912. Avec cette première biographie a commencé à se constituer une sorte de légende rimbaldienne. Berrichon, qui avait épousé Isabelle Rimbaud, sœur du poète, s'est employé à donner de lui une image édifiante.

Isabelle RIMBAUD, *Mon frère Arthur,* C. Bloch, 1920, et *Reliques,* Mercure de France, 1922.

Ernest DELAHAYE, *Rimbaud, l'artiste et l'être moral,* Messein, 1927. *Souvenirs familiers à propos de Rimbaud, Verlaine et Nouveau,* Messein, 1925. L'essentiel de ces deux textes a été réédité sous le titre *Delahaye témoin de Rimbaud,* Neuchâtel, La Baconnière, 1974, volume abondamment commenté par Frédéric Eigeldinger et André Gendre. Delahaye reste l'un des témoins les plus fiables de la vie de Rimbaud.

Marcel COULON, *Le Problème de Rimbaud, poète maudit,* Nîmes, A. Gomès. *Au cœur de Verlaine et de Rimbaud,* Le Livre, 1925. *La Vie de Rimbaud et de son œuvre,* Mercure de France, 1929. (Le premier, M. Coulon s'est opposé aux interprétations jusqu'alors bien-pensantes de l'œuvre. Sa lecture met l'accent sur l'homosexualité de Rimbaud et sur son anticatholicisme.)

Jean-Marie CARRÉ, *La Vie aventureuse de Jean-Arthur Rimbaud,* Plon, 1926. (L'une des premières bonnes biographies.)

François RUCHON, *Jean-Arthur Rimbaud, sa vie, son œuvre, son influence*, Champion, 1929.

Robert GOFFIN, *Rimbaud vivant*, Corrêa, 1937. (Un beau livre, inspiré, mais qui place toute l'œuvre sous le signe de l'homosexualité.)

Enid STARKIE, *Arthur Rimbaud*, Londres, Faber & Faber, 1938. Traduction en français par Alain Borer, complétée de tous les articles écrits par E. Starkie sur Rimbaud, Flammarion, 1983. (Biographie riche, vivante, mais qui date. Enid Starkie se montre séduite par l'alchimie ; elle donne aussi matière dans la dernière partie au mythe de Rimbaud marchand d'esclaves.)

Georges IZAMBARD, *Rimbaud tel que je l'ai connu*, Mercure de France, 1946. (Quelques confidences pleines d'intérêt ; mais Izambard a une fâcheuse tendance à la polémique.)

Pierre PETITFILS, *L'Œuvre et le visage d'A. Rimbaud*, essai de bibliographie et d'iconographie, Nizet, 1949.

Suzanne BRIET, *Rimbaud notre prochain*, Nouvelles Éditions latines, 1956. (Ce livre contient des documents de toute première importance, notamment la description du « Cahier des dix ans ».)

Mario MATUCCI, *Le Dernier Visage de Rimbaud en Afrique*, Florence-Paris, Sansoni-Didier, 1962, ouvrage repris dans *Les Deux Visages de Rimbaud*, Neuchâtel, La Baconnière, 1986. (M. Matucci conteste l'image de Rimbaud marchand d'esclaves.)

André DHÔTEL, *La Vie de Rimbaud*, Albin Michel, 1965. (Le grand romancier ardennais parle de Rimbaud, de ses paysages, de sa rhétorique fabuleuse.)

Album Rimbaud, Gallimard, « Bibliothèque de la Pléiade », 1967, par Henri MATARASSO et Pierre PETITFILS.

Henri PEYRE, *Rimbaud vu par Verlaine*, Nizet, 1975. (Regroupement chronologique de tous les textes de Verlaine sur Rimbaud, analyses critiques, poèmes et lettres.)

Vernon UNDERWOOD, *Rimbaud et l'Angleterre*, Nizet, 1976. (Une étude complète et minutieuse, mais qui réduit le texte de Rimbaud à des « choses vues ».)

Pierre PETITFILS, *Rimbaud*, Julliard, coll. « Biographie », 1982. (La biographie la plus complète jusqu'à ce jour, en dépit de quelques chapitres rapides.)

Alain BORER, *Rimbaud en Abyssinie*, éd. du Seuil, coll. « Fiction et Cie », 1984. (Un livre de grand style qui voit Rimbaud d'un œil moderne et nouveau. Les dernières années en Abyssinie sont l'occasion de nombreux retours sur la période littéraire.)

Jean-Luc STEINMETZ, *Arthur Rimbaud. Une question de présence*, Tallandier, 1991 et *D'improbables amours, (Rimbaud et les femmes)*, Les Éditeurs Evidant, 1992.

III. — ÉTUDES ET ARTICLES PORTANT SUR L'ŒUVRE

Toute actuelle recherche approfondie sur l'œuvre de Rimbaud utilisera la documentation fournie par les articles suivants :

Suzanne BERNARD, « État présent des études sur Rimbaud », *L'Information littéraire*, XIV, mars-avril 1962, n° 2, p. 55-59 et mai-juin 1962, n° 3, p. 93-102.

André GUYAUX, « Où en est Rimbaud ? », *Romantisme*, 1982, n° 36, p. 65-77.

Michel DÉCAUDIN, « Travaux récents sur Rimbaud », *L'Information littéraire*, septembre-octobre 1983, p. 149 et suiv.

Pierre-Georges CASTEX, « Rimbaud en 1986. Une année capitale », *L'Information littéraire*, septembre-octobre 1986, n° 4, p. 148-157 et novembre-décembre 1986, n° 5, p. 214-224.

Enfin, on consultera le gigantesque *Mythe de Rimbaud* de René Étiemble (5 volumes parus à ce jour, de 1952 à 1968), Gallimard, coll. « Bibliothèque des idées ». Les deux premiers volumes notamment analysent admirablement les différentes phases par lesquelles passa la critique rimbaldienne : Rimbaud catholique, Rimbaud homosexuel, Rimbaud voyant, Rimbaud voyou, Rimbaud communard, etc.

André ROLLAND DE RENÉVILLE, *Rimbaud le voyant*, Au Sans Pareil, 1929 (réédité en 1983 aux éditions Thot). (Rimbaud redécouvert par le *Grand Jeu* de 1923, lecteur de la Kabbale et de textes ésotériques.)

Jacques RIVIÈRE, *Rimbaud*, Kra, 1930 ; nouvelle publication avec un dossier établi par Roger Lefèvre, Gallimard, 1977. (L'un des livres les plus perspicaces sur l'œuvre et notamment les derniers textes. Au fil de ses articles, Rivière évoluera d'une vision catholique de Rimbaud à une lecture agnostique.)

Benjamin FONDANE, *Rimbaud le voyou*, Denoël et Steele, 1933 ; rééd. Plasma, 1979. (Un autre livre qui fit date. Fondane s'attache au mouvement ontologique qui porte Rimbaud dans *Une saison en enfer*, et tente d'expliquer ainsi sa révolte foncière.)

ÉTIEMBLE et Yassu GAUCLERE, *Rimbaud*, Gallimard, 1936. (Après celle de Jacques Rivière, l'une des approches les plus lucides de l'œuvre. Certains commentaires restent indépassés.)

Cecil Arthur HACKETT, *Rimbaud l'enfant*, préface de Gaston Bachelard, José Corti, 1948.

Henry de BOUILLANE DE LACOSTE, *Rimbaud et le problème des Illuminations*, Mercure de France, 1949. (Une grande thèse s'appuyant sur la graphologie et tendant à prouver l'antériorité d'*Une saison en enfer* sur les poèmes en prose.)

André BRETON, *Flagrant délit*, Thésée, 1949. (Sur l'affaire de *La Chasse spirituelle*.)

Jacques GENGOUX, *La Pensée poétique de Rimbaud*, Nizet, 1950. (Une étude des sources.)

Jean-Pierre RICHARD, « Rimbaud ou la poésie du devenir », *Esprit*, 1951, article repris dans *Poésie et profondeur*, éd. du Seuil, coll. « Pierres vives », 1955, p. 187-250. (Un premier essai de thématique complète sur Rimbaud.)

André DHÔTEL, *Rimbaud et la révolte moderne*, Gallimard, « Les Essais », 1952.

Henry MILLER, *Rimbaud*, Mermod, 1952. (Lecture personnelle et vivace, Rimbaud comme style de vie.)

Charles CHADWICK, *Études sur Rimbaud*, Nizet, 1960.

Yves BONNEFOY, *Rimbaud*, éd. du Seuil, coll. « les Écrivains par eux-mêmes », 1961. (Un petit livre de grande envergure où l'aventure spirituelle de Rimbaud prend tout son sens, sans être inféodée à quelque système idéologique que ce soit.)

Maurice BLANCHOT, « L'Œuvre finale », *La Nouvelle Revue française*, août 1961, repris dans *L'Entretien infini*, Gallimard, 1969.

« A-t-on lu Rimbaud ? », n°s 20-21 de la revue *Bizarre*, 4e trimestre 1961. (Robert Faurisson croit trouver le secret de lecture des *Voyelles* : érotisme en acte. Sous cette lumière, il analyse d'autres textes : *Bottom, H, Dévotion*.)

« L'Affaire Rimbaud », collectif : Antoine ADAM, André BRETON, ÉTIEMBLE, etc., n° 23 de *Bizarre*, 2e trimestre 1962 (partisans ou détracteurs de la lecture de Faurisson).

Marc EIGELDINGER, *Rimbaud et le mythe solaire*, La Baconnière, 1964. (Marc Eigeldinger, rimbaldien notoire, n'a pas rassemblé toutes ses études sur Rimbaud. Je les cite abondamment dans cette édition. Trois parmi les plus significatives ont été regroupées dans son livre *Lumières du mythe*, PUF, coll. « PUF Écriture », 1983.)

Gianni NICOLETTI, *Rimbaud, una poesia del « canto chiuso »*, Turin, Dell'Alberto, 1965.

Cecil Arthur HACKETT, *Autour de Rimbaud*, Klincksieck, 1967.

Jacques PLESSEN, *Promenade et Poésie : expérience de la marche et du mouvement dans l'œuvre de Rimbaud*, La Haye, Mouton, 1967.

Wallace FOWLIE, *Rimbaud. A Critical Study*, University of Chicago Press, 1967.

René ÉTIEMBLE, *Le Sonnet des Voyelles*, Gallimard, « Les Essais », 1968 (le point sur les différentes interprétations de ce texte).

Pierre GASCAR, *Rimbaud et la Commune*, Gallimard, coll. « Idées », 1968.

Marcel A. RUFF, *Rimbaud*, Hatier, coll. « Connaissance des Lettres », 1968. (Un livre utile, mais plein de parti pris et contestable dans ses options chronologiques.)

Jean-Louis BAUDRY, « Le texte de Rimbaud » dans *Tel Quel*, n° 35, automne 1968, p. 46-63 et n° 36, hiver 1969, p. 33-53. (Une étude moderne, inspirée par le structuralisme et la psychanalyse de ces années-là.)

Robert Greer COHN, *The Poetry of Rimbaud*, Princeton University Press, 1973.

Nathaniel WING, *Present Appearances, Aspects of Poetic Structure in Rimbaud's Illuminations*, University of Mississipi Press, 1974.

Margaret DAVIES, « Une saison en enfer » d'Arthur Rimbaud, analyse du texte, Minard, 1975.

Atle KITTANG, *Discours et jeu, essai d'analyse des textes d'Arthur Rimbaud*, Presses universitaires de Grenoble, 1975. (Rimbaud au filtre de l'aventure structuraliste.)

Alain de MIJOLLA, « La désertion du capitaine Rimbaud, enquête sur un fantasme d'identification inconscient d'A. Rimbaud », *Revue française de psychanalyse*, mai-juin 1975, p. 427-458.

André THISSE, *Rimbaud devant Dieu*, José Corti, 1975.

« Aujourd'hui, Rimbaud », enquête de Roger MUNIER auprès de nombreux écrivains et philosophes contemporains (témoignage de Martin HEIDEGGER), Archives A. Rimbaud, n° 2, Minard, 1976.

Vernon P. UNDERWOOD, *Rimbaud et l'Angleterre*, Nizet, 1976.

Gérard MACÉ. « Rimbaud Recently Deserted » dans *La*

Nouvelle Revue française, avril-mai 1978 (sur les lettres d'Afrique).

Lionel RAY, *Arthur Rimbaud*, Seghers, coll. « Poètes d'aujourd'hui », 1978 (un poète nous parle).

Tzvetan TODOROV, « Une complication de texte : les Illuminations », *Poétique*, n° 34, 1978, p. 241-253. (Un article marquant par ses partis pris extrêmes. Voir notre préface.)

Charles CHADWICK, *Rimbaud*, Athlone Presse, 1979.

Jean-Pierre GIUSTO, *Rimbaud créateur*, Presses Universitaires de France, 1980 (les réseaux sensibles et la thématique de l'œuvre).

Georges POULET, *La Poésie éclatée. Baudelaire, Rimbaud*, Presses Universitaires de France, coll. « PUF Écriture », 1980.

Michael RIFFATERRE, « Interpretation and Undecidability », *New Literary History*, 1981, p. 227-242. (Une réfutation de l'article de Todorov. L'indécidabilité n'est qu'un moment de la lecture. Elle engage à interpréter.)

Benoît DE CORNULIER, *Théorie du vers : Rimbaud, Verlaine, Mallarmé*, éd. du Seuil, 1982.

Pierre BRUNEL, *Rimbaud. Projets et réalisations*, Champion, 1983 et *Arthur Rimbaud ou l'éclatant désastre*, Champ Vallon, coll. « Champ poétique », 1983. (Deux livres qui sont de précieuses synthèses et présentent des interprétations nouvelles.)

Roger LITTLE, *Rimbaud. Illuminations*, Grant and Cutler, « Critical Guides to French Texts », 1983. (Une monographie.)

ÉTIEMBLE, *Rimbaud, système solaire ou trou noir ?*, Presses Universitaires de France, coll. « PUF Écriture », 1984 (Les avatars du mythe de Rimbaud.)

Antoine FONGARO, *Sur Rimbaud. Lire « Illuminations »*, Université de Toulouse-Le Mirail, coll. « Littératures », 1985. (En dépit et parfois en raison d'une lecture obsessionnellement érotique, A. Fongaro fait des découvertes.)

Jean-Luc STEINMETZ, « Rimbaud en personnes » dans *Le Champ d'écoute*, éd. de La Baconnière, 1985, p. 107-176.

André GUYAUX, *Poétique du fragment. Essai sur les « Illuminations »*, Neuchâtel, éd. de La Baconnière, 1985. (Une réflexion sur l'évolution de la forme, ou « du poème en prose au fragment », lecture perspicace et qui renouvelle l'analyse des manuscrits.)

Rimbaud. Le Poème en prose et la traduction poétique,

collectif édité par Sergio SACCHI, Tübingen, Gunter Narr Verlag, 1988.

Jean-Louis CORNILLE, *Rimbaud nègre de Dieu*, Lille, Presses Universitaires de Lille, coll. « Objet », 1989. (L'importance des sœurs dans la vie et le texte de Rimbaud.)

Michel BUTOR, *Improvisations sur Rimbaud*, essai, éd. de la Différence, 1989.

Antoine RAYBAUD, *Fabrique d' « Illuminations »*, éd. du Seuil, 1989.

Jean-Luc STEINMETZ, « Variables » dans *La Poésie et ses raisons*, Corti, 1990, p. 16-76.

André GUYAUX, *Duplicités de Rimbaud*, Paris-Genève, Champion-Slatkine, 1991.

1. *Revues rimbaldiennes*

Bulletin des Amis de Rimbaud : sept numéros de janvier 1931 à avril 1939.

Le Bateau ivre, vingt numéros de janvier 1949 à septembre 1966.

Études rimbaldiennes (Minard éditeur), trois numéros (1968, 1970, 1972).

Rimbaud vivant, vingt et un numéros de 1973 à 1982.

Circeto, revue d'études rimbaldiennes, deux numéros (1983, 1984).

Parade sauvage, revue d'études rimbaldiennes, cinq numéros parus depuis 1984 et trois bulletins d'information.

2. *Numéros spéciaux de revues*

La Grive, octobre 1954 ; *Europe*, mai-juin 1973 ; *Littérature*, octobre 1973 ; *Revue de l'Université de Bruxelles*, 1982 ; *Berenice*, Rome, n° 2, mars 1981 et n° 5, 1982 ; *Revue des Sciences humaines*, 1984, n° 193 ; *Revue d'Histoire littéraire de la France*, mars-avril 1987.

3. *Colloques et Actes de colloque*

Colloque de Cerisy, août 1982. *Rimbaud multiple*, Gourdon, D. Bedou, 1986.

Colloque de Neuchâtel (Centre Arthur Rimbaud), mai 1983. *Le Point vélique*, Neuchâtel, La Baconnière, 1986.

Colloque de l'École normale supérieure (Ulm), février 1984. « Minute d'éveil », *Rimbaud maintenant*, CDU-SEDES, 1984.

Colloque organisé par l'Association internationale des Études françaises, juillet 1984 ; *CAIEF*, n° 36, mai.

Colloque de Grosseto, septembre 1985. *Poesia e avventura*, Pise, Pacini, 1987.

Demi-journée Rimbaud (Colloque « année 1886 », Sorbonne, Paris IV), juin 1986 (A. Guyaux, H. Bouillier, M. Matucci, J.-L. Steinmetz). Actes non publiés.

Colloque de Charleville, septembre 1986. Numéro 5 de *Parade sauvage*, 1987.

Colloque de Cambridge, « Rimbaud à la loupe », septembre 1987, *Parade sauvage*, 1989.

CHRONOLOGIE

1854 – 20 octobre. Naissance, à six heures du matin, à Charleville dans le département des Ardennes, de Jean-Nicolas-Arthur Rimbaud. Son père, Frédéric Rimbaud (né le 7 octobre 1814), est capitaine d'infanterie. Sa mère, Vitalie Cuif (née le 10 mars 1825), est la fille de propriétaires ruraux possédant une ferme à Roche, dans le canton d'Attigny. Rimbaud a un frère aîné, Frédéric, né en 1853.

1855-1856 – Du 14 mars 1855 au 28 mai 1856, le capitaine Rimbaud participe à la campagne de Crimée.

1858 – Le 15 juin, naissance de Vitalie Rimbaud, sœur de Jean-Arthur et de Frédéric.

1860 – Le 1ᵉʳ juin, naissance d'Isabelle Rimbaud, sœur de Jean-Arthur, Frédéric et Vitalie.

En août, le capitaine Rimbaud rejoint sa garnison à Grenoble. Les deux époux vivront désormais séparés. Sur le souvenir fantasmatique de ce départ, voir *Mémoire* (t. II, p. 56).

1861 – Au mois d'octobre, Rimbaud entre en neuvième à l'Institution Rossat (voir Stéphane Taute, « La scolarité de Rimbaud et ses prix. La fin d'une légende », *Centre culturel Arthur Rimbaud*, Cahier n° 6, novembre 1978).

1863 – Durant l'année scolaire 1862-1863, Rimbaud écrit une sorte de fantaisie (voir t. I, p. 29).

1865 – Rimbaud, qui a fait ses deux premiers trimestres de sixième à l'Institution Rossat, entre, à partir de Pâques, au collège de Charleville.

1868 – Rimbaud adresse « en secret » une lettre en vers latins au Prince impérial à l'occasion de la première communion de celui-ci (le 8 mai).

1869 – Le 15 janvier, le *Moniteur de l'enseignement secondaire spécial et classique. Bulletin de l'Académie de Douai*, n° 2, publie une pièce en vers latins de Rimbaud, « Ver erat... » (*Le Songe de l'écolier*).

Le même bulletin, n° 11, publie, le 1er juin, une autre pièce de Rimbaud, « Jamque novus... » (*L'Ange et l'Enfant*).

Le 15 novembre, le *Moniteur de l'enseignement secondaire*, n° 22, publie une autre composition en vers latins de Rimbaud, *Jugurtha*, qui lui valut de remporter le premier prix au concours académique de vers latins.

A la fin de l'année, Rimbaud compose *Les Étrennes des orphelins*.

1870 – En janvier, le professeur de rhétorique du collège, M. Feuillâtre, est remplacé par le jeune Georges Izambard (âgé de vingt-deux ans), avec lequel Rimbaud va se lier d'amitié.

Le 2 janvier, la *Revue pour tous* publie *Les Étrennes des orphelins*.

Le 24 mai, Rimbaud envoie à Théodore de Banville, dans l'espoir d'être publié dans une prochaine livraison du *Parnasse contemporain*, une lettre contenant trois poèmes : *Sensation*, *Ophélie* et *Credo in unam*.

Le 13 août, *La Charge* publie *Trois Baisers*.

Rimbaud compose alors un certain nombre de poèmes, dont *Vénus anadyomène* et *Les Reparties de Nina*.

Le 19 juillet, la France déclare la guerre à la Prusse. Rimbaud compose le sonnet *Morts de Quatre-vingt-douze*.

Le 29 août, première fugue de Rimbaud. Il part pour Paris, en passant par Charleroi. Il arrive à Paris le 31. Arrêté à sa descente du train, car il n'a sur lui ni billet ni argent, il est conduit au dépôt, puis à la prison de Mazas.

2 septembre : désastre de Sedan. Napoléon III capitule devant l'armée prussienne.

4 septembre : proclamation de la IIIe République. Le 5 septembre, grâce à l'intervention d'Izambard, Rimbaud est libéré. Il va à Douai, chez les tantes d'Izambard, les demoiselles Gindre. Il y reste une quinzaine de jours et en profite pour recopier ses poèmes sur un cahier, à l'intention d'un jeune poète, Paul Demeny, que lui avait fait connaître son professeur et qui venait d'être édité.

Le 26 septembre, Rimbaud revient à Charleville. Mais le 7 octobre, il reprend la route, à pied cette fois, passe de nouveau par Charleroi et pousse jusqu'à Bruxelles Entre le 20 et le 30 octobre, il est de nouveau chez les demoiselles Gindre où il complète le « Cahier de Douai », qu'il confie à P. Demeny. Le 1er novembre, Mme Rimbaud fait intervenir un commissaire de police Rimbaud est obligé de revenir à Charleville. Le collège a fermé ses portes en raison de la guerre. Rimbaud vit alors dans une période d'oisiveté. Il lit et fait de longues promenades avec son ami Ernest Delahaye.

1871 – Le 1er janvier, les Allemands occupent Mézières et Charleville. Le 28 janvier, l'armistice est signé. Thiers, le 17 février, devient chef du pouvoir exécutif. Le 25 février, Rimbaud part en train pour Paris. Il y vit misérablement et revient à pied à Charleville le 10 mars. Le 18 mars, la Commune de Paris est proclamée. Rimbaud prend parti pour les insurgés. Il écrira bientôt des poèmes communards : *Chant de guerre Parisien, Les Mains de Jeanne-Marie, Paris se repeuple.* Il essaie de travailler au journal *Le Progrès des Ardennes* (qui cesse de paraître le 17 avril).

Mi-avril-début mai, Rimbaud, selon E. Delahaye (*Entretiens politiques et littéraires*, décembre 1891), serait allé à Paris. Il se serait engagé dans les corps-francs et aurait séjourné à la caserne de Babylone. Une note de police du 26 juin 1873 concernant Verlaine et Rimbaud à Londres signale que le jeune « Rimbault [*sic*] sous la Commune a fait partie des francs-tireurs de Paris » (voir Henri Guillemin, « Rimbaud fut-il communard ? », *A vrai dire*, Gallimard, 1956, p. 194-200). Notons toutefois que Rimbaud était à Charleville le 17 avril et qu'il y sera les 13 et 15 mai, comme le prouvent ses lettres. La répression versaillaise, la Semaine sanglante, commence le 21 mai. Pour ses amis, la participation de Rimbaud à la Commune ne faisait pas de doute.

Verlaine, dans sa biographie de Rimbaud parue dans *Les Hommes d'aujourd'hui* (1888), note : « Retour à Paris pendant la Commune et quelques séjours à la caserne du Château-d'Eau parmi de vagues vengeurs de Flourens. »

Le 13 mai, Rimbaud envoie à Georges Izambard une lettre où il expose ses idées nouvelles sur la poésie. Elle contient le poème *Le Cœur supplicié*.

Le 15 mai, il adresse à Paul Demeny la lettre dite « du voyant » qui développe longuement certains éléments de la lettre précédente. Elle contient aussi *Chant de guerre Parisien*, *Mes Petites amoureuses* et *Accroupissements*.

Le 10 juin, Rimbaud envoie une nouvelle lettre à Paul Demeny. Il lui demande de brûler le cahier qu'il lui a donné l'an passé et lui présente trois nouveaux poèmes, *Les Poètes de sept ans*, *Les Pauvres à l'église* et *Le Cœur du pitre*.

Le 15 août, Rimbaud adresse une lettre à Théodore de Banville contenant l'ironique *Ce qu'on dit au Poète à propos de fleurs*, signé « Alcide Bava ».

Rimbaud entre en relation avec Charles Bretagne, un employé aux contributions directes de Charleville, féru d'occultisme, homosexuel sans doute et ami de Paul Verlaine.

En septembre, Rimbaud envoie coup sur coup deux lettres à Verlaine. Il les accompagne de plusieurs poèmes, *Les Effarés, Accroupissements, Les Douaniers, Le Cœur volé, Les Assis, Mes Petites amoureuses, Les Premières Communions, Paris se repeuple*. Verlaine répond à Rimbaud en lui proposant de venir à Paris.

Fin septembre, Rimbaud débarque à Paris, *Le Bateau ivre* en poche. Il est d'abord accueilli rue Nicolet à Montmartre dans l'hôtel des Mauté, les beaux-parents de Verlaine, qui logent sous leur toit leur fille Mathilde et Paul Verlaine, qui vient de l'épouser. Georges, le fils du jeune couple, naît le 30 octobre. Verlaine fait venir Rimbaud à l'un des dîners des *Vilains Bonshommes* (rassemblant les poètes Parnassiens ses amis). Rimbaud y récite *Le Bateau ivre*. Sa lecture soulève l'enthousiasme. Durant toute cette période, Rimbaud va fréquenter les frères Cros, Léon Valade, Émile Blémont,

Forain dit « Gavroche », le dessinateur, Étienne Carjat le photographe (avec qui il aura une grave altercation).

En octobre, il doit quitter l'hôtel des Mauté. Il loge quelque temps dans l'atelier de Charles Cros, puis dans une chambre que lui prête Théodore de Banville. Fin octobre, sur l'initiative de Charles Cros est fondé le Cercle dit « Zutique », qui tient ses assises dans une chambre de l'hôtel des Étrangers, à l'angle de la rue Racine et de la rue de l'École-de-Médecine. En attendant mieux, Rimbaud habite là, en compagnie du musicien bohème Ernest Cabaner. Il collabore plusieurs fois à l'*Album Zutique* (le 22 octobre, les 1er, 6 et 9 novembre). Mi-novembre, Rimbaud loge dans un hôtel situé à l'angle du boulevard d'Enfer (aujourd'hui boulevard Raspail) et de la rue Campagne-Première.

Fin décembre, Fantin-Latour commence à peindre le tableau *Coin de table* où figurent Verlaine et Rimbaud, à côté de Jean Aicard, Léon Valade, Ernest d'Hervilly, Camille Pelletan, Pierre Elzéar Bounier, Émile Blémont. Le tableau ne sera achevé qu'en avril 1872.

1872 – Verlaine et Rimbaud par leur comportement scandalisent les milieux littéraires qu'ils fréquentent. Verlaine menant une vie de plus en plus irrégulière, Mathilde Mauté, dans la seconde moitié du mois de janvier, décide de partir dans sa famille à Périgueux et emmène son jeune fils. Bientôt Verlaine, inquiet de cette situation, conseille à Rimbaud de quitter Paris et d'aller chez l'une de ses parentes à Arras. Rimbaud y consent. On sait peu de chose sur ce séjour. Il rejoint ensuite la demeure maternelle à Charleville où il fréquente surtout Delahaye. A la Bibliothèque municipale, il lit toutes sortes de livres et, par exemple, les ariettes de Favart, écrivain du xviiie siècle auteur de nombreux vaudevilles et opéras-comiques. Il correspond avec Verlaine et lui envoie des lettres que son correspondant qualifie de « martyriques ». Selon Ernest Delahaye, Rimbaud avait alors l'idée d'écrire des textes en prose sous le titre *Photographies du temps passé* (il aurait rédigé plusieurs textes dans cette veine). Selon Verlaine, il travaillait à des « *Études néantes* ».

Vers le 15 mars, Mathilde revient à Paris. Elle semble réconciliée avec Verlaine. Mais leurs rapports vont rapidement se détériorer. Début mai, Rimbaud, à l'instigation de Verlaine, revient, lui aussi. Il loge bientôt rue Monsieur-le-Prince, dans une chambre donnant sur la cour du lycée Saint-Louis. Il écrit alors certains poèmes, comme *Fêtes de la patience,* ou recopie ceux qu'il a composés les mois précédents. Il les date de « mai 1872 ». Ses relations sexuelles avec Verlaine font peu de doute, comme le prouve de ce dernier le sonnet *Le Bon Disciple,* daté de mai 1872.

En juin, Rimbaud loge à l'hôtel de Cluny, rue Victor-Cousin, près de la place de la Sorbonne.

Le 7 juillet, comme il n'a pu convaincre Verlaine d'abandonner femme et enfant pour le suivre, il décide de quitter seul la France pour la Belgique et de laisser Verlaine à ses démêlés conjugaux. Comme il porte au domicile de Verlaine (qu'il ne compte pas revoir) sa lettre de rupture, il rencontre celui-ci. Verlaine prend alors la décision immédiate de quitter sa famille. Le 9 juillet, en route pour la Belgique, Verlaine et Rimbaud s'arrêtent à Charleville pour voir Bretagne. Ils vont ensuite en train à Bruxelles (par Walcourt et Charleroi) où ils logent au Grand Hôtel liégeois.

Le 21 juillet, Mathilde et sa mère viennent à Bruxelles pour convaincre Verlaine de repartir à Paris avec elles. Il y consent, mais, dans le train du retour où Rimbaud s'était aussi embarqué, il leur fausse compagnie à la gare frontière de Quiévrain. Les deux amis continuent de vivre à Bruxelles.

Le 7 septembre, ils prennent le bateau à Ostende pour l'Angleterre. Ils arrivent à Douvres le lendemain. Ils trouvent à se loger à Londres, au 34, Howland Street, dans un appartement qu'Eugène Vermersch habitait avant eux. Ils connaissent les exilés de la Commune, le dessinateur Félix Régamey, Jules Andrieu, Lissagaray, etc. Ils visitent l' « immense ville », mélange de misère et de modernité. Verlaine continue d'écrire ses *Romances sans paroles;* Rimbaud compose peut-être certains textes des *Illuminations* (le 14 septembre, avait paru, contre son gré, semble-t-il, son poème *Les Corbeaux* dans *La Renaissance littéraire et artistique,* revue dirigée par Émile Blémont).

Le couple Verlaine-Rimbaud vit bientôt dans un état alarmant de pénurie et doit se contenter de l'argent que Mme Verlaine envoie à son fils. De son côté, Mathilde poursuit une demande en séparation, ce qui inquiète Verlaine dont Rimbaud découvre un peu plus chaque jour la veulerie.

Début novembre, Rimbaud informe sa mère de sa situation. Mme Rimbaud vient à Paris et a une entrevue avec Mme Verlaine, puis avec Mathilde. Elle engage Rimbaud à revenir.

En décembre, Rimbaud est de retour à Charleville. Sa présence y est attestée le 20 de ce mois.

1873 – En janvier, Verlaine, seul et malade à Londres, réclame du secours. Rimbaud et Mme Verlaine viennent le voir. Rimbaud décide de rester. La vie du couple reprend. Pour pouvoir donner des leçons qui leur rapporteraient quelque argent, Verlaine et Rimbaud perfectionnent leur anglais. Ils fréquentent la bibliothèque du British Museum.

Le 4 avril, Verlaine, inquiété par le procès que lui intente sa femme, décide de repartir en France. Après avoir tenté de s'embarquer à Newhaven, il prend le bateau à Douvres pour Anvers, va à Namur, puis s'installe à Jéhonville (Luxembourg belge) chez sa tante Évrard. Le 11 avril, jour du Vendredi saint, Rimbaud arrive à Roche (propriété de Mme Rimbaud) où se trouve alors toute la famille.

Le 20 avril, Verlaine, Delahaye et Rimbaud se retrouvent à Bouillon, petite ville des Ardennes belges près de la frontière.

Vers le 15 mai, Rimbaud annonce dans une lettre à Delahaye qu'il souhaite écrire un *Livre païen* ou *Livre nègre*, « histoires atroces » (il en a déjà composé trois).

Le 25 mai, Verlaine et Rimbaud repartent pour l'Angleterre. Ils visitent Liège le 26 mai et s'embarquent à Anvers le 27. A Londres, ils louent une chambre chez Mrs. Alexander Smith, au 8, Great College Street, Camden Town. Ils cherchent toujours à donner des leçons de français. Mais le couple est mal considéré par les réfugiés de la Commune. Verlaine, inquiet aussi de la demande en séparation voulue par sa femme et pensant pouvoir convaincre celle-ci de nouveau, part, après une violente querelle. Il s'embarque, le 3 juillet, pour Anvers. Impuissant, Rimbaud assiste à ce départ.

Cependant, Verlaine regrette bientôt ce qu'il a fait et envoie une lettre d'explication à Rimbaud.

Le 4 juillet, arrivé à Bruxelles, il écrit à sa mère, à Mme Rimbaud, à Mathilde à qui il demande de venir le rejoindre dans les trois jours, sinon il se donnera la mort. Mathilde ne répond pas à cet appel. Mais dès le 5 juillet, Mme Verlaine vient à Bruxelles. Le 6 juillet, Verlaine écrit à Edmond Lepelletier en lui demandant de soigner l'édition des *Romances sans paroles* et confirme sa volonté de se donner la mort : « Je vais me crever. » Le 8 juillet, tout en ayant renoncé au suicide, il envoie un télégramme à Rimbaud lui annonçant sa décision d'entrer comme volontaire dans les troupes carlistes.

Le soir même, Rimbaud arrive. Les deux hommes se rendent à l'hôtel de la Ville de Courtrai avec Mme Verlaine. La journée du 9 juillet se passe en discussions et querelles, Rimbaud ayant dit son intention de quitter Verlaine et de partir pour Charleville ou Paris.

Le 10 juillet, Verlaine, de bon matin, achète un revolver. Après une nouvelle discussion, il tire un coup de revolver sur Rimbaud et le blesse au poignet gauche. Rimbaud va se faire soigner à l'hôpital Saint-Jean. Puis, vers 19 heures, persistant dans sa décision de partir, il se dirige vers la gare du Midi, toujours accompagné de Verlaine et de la mère de celui-ci. Verlaine menaçant en chemin de se servir de son revolver (contre lui-même ou contre Rimbaud ?), Rimbaud avertit un agent de police. Verlaine est tout de suite arrêté et écroué.

Le 11 juillet, Rimbaud entre à l'hôpital Saint-Jean pour qu'on extraie de son poignet la balle qu'il a reçue du premier coup de feu tiré par Verlaine. Le lendemain, il est interrogé par un juge d'instruction et fait une déposition en faveur de Verlaine. Il signera son désistement le 19 juillet et sortira de l'hôpital le lendemain.

Le 8 août, Verlaine comparaît devant la sixième chambre correctionnelle de Bruxelles. Il est condamné à deux ans de prison et 200 francs d'amende. Ce jugement sera confirmé le 27 août. Il est alors incarcéré à la prison des Petits-Carmes, à Bruxelles.

En août, Rimbaud, de retour à Roche, écrit *Une saison en enfer,* sans doute déjà commencé. Il confie son manuscrit à Jacques Poot, imprimeur à Bruxelles. Mme Rimbaud paie de ses deniers l'édition. Le 22 octobre, Rimbaud à Bruxelles retire ses exemplaires d'auteur. La plus grande partie du tirage restera chez l'imprimeur jusqu'à ce qu'on la découvre, empaquetée, en 1901 ! (Voir Louis Piérard, « L'édition originale d'*Une saison en enfer* », *Poésie 42*, Seghers, p. 14-15). Il dépose un volume avec envoi « à P. Verlaine » à la prison des Petits-Carmes.

Le 1er novembre, Rimbaud est à Paris où il donne aux quelques rares amis qui lui restent des exemplaires d'*Une saison*. Au café Tabourey, il est probable qu'il rencontre le poète Germain Nouveau, qui avait participé aux suites du *Cercle Zutique*, le groupe des Vivants, et fréquentait Raoul Ponchon et Jean Richepin, que Rimbaud avait connus en 1872. Rimbaud regagne ensuite Charleville où il reste durant l'hiver.

1874 – A la mi-mars, Rimbaud vient à Paris, retrouve Germain Nouveau. Avec celui-ci, il part pour l'Angleterre. Les deux amis logent au 178, Stamford Street, près de la gare de Waterloo, sur la rive sud de la Tamise. Rimbaud passe des annonces dans certains journaux pour donner des leçons de français. A cette époque, il recopie, aidé parfois de Germain Nouveau, la plupart de ses *Illuminations*.

A la mi-avril, Nouveau, pour des raisons peu claires, décide de revenir en France. Tant bien que mal, Rimbaud essaie de subsister. Il cherche un emploi de précepteur.

En juillet, Rimbaud, désespéré, fait appel à sa mère. Mme Rimbaud et Vitalie viennent à Londres (Vitalie nous a laissé dans son journal de nombreux détails sur ce séjour). Le 31 juillet, Rimbaud part pour une destination inconnue. Selon V. P. Underwood et Enid Starkie, il va prendre un emploi dans le port de Scarborough, Yorkshire, qu'évoquerait *Promontoire* (voir t. III, p. 99).

Le 9 novembre, Rimbaud fait passer une annonce dans le *Times* pour trouver un emploi.

Le 29 décembre, il revient à Charleville pour se mettre en règle avec les autorités militaires. Son frère Frédéric s'étant engagé pour cinq ans, il peut bénéficier d'une dispense de service militaire.

1875 – Durant le mois de janvier, Rimbaud, pour obtenir une situation dans le commerce ou l'industrie, se met à apprendre l'allemand.

Le 13 février, il part pour Stuttgart. Il loge dans cette ville, Wagnerstrasse, puis, à partir du 15 mars, au 2, Marienstrasse, dans une pension de famille. Il exerce alors les fonctions de précepteur chez un certain M. Lübner.

Le 2 mars, Verlaine, qui avait été libéré le 16 janvier, après dix-huit mois de captivité à la prison des Petits-Carmes, à Bruxelles, puis à la prison de Mons, revoit Rimbaud à Stuttgart. Au cours de cette entrevue, marquée par une bagarre brutale, Rimbaud aurait donné à Verlaine le manuscrit des *Illuminations* (voir Verlaine, « Arthur Rimbaud " 1884 " », *Les Hommes d'aujourd'hui*, n° 318, janvier 1888). Il l'aurait également chargé d'envoyer à Germain Nouveau des « poèmes en prose siens » (s'agit-il des mêmes textes ?) pour que celui-ci, alors en Belgique, les fasse publier. Verlaine accomplira fidèlement cette mission. Cependant, la rupture entre les deux amis se consommera définitivement dans les mois suivants, ce qui n'empêchera pas Verlaine de continuer de s'informer auprès d'Ernest Delahaye des errances de Rimbaud et, à l'occasion, de se moquer dans des « Vieux Coppées » de celui qu'il appelle « l'homme aux semelles de vent », mais aussi bien « Homais », « le Philomathe », « l'Œstre » (le taon), etc.

En mai, Rimbaud quitte Stuttgart pour l'Italie. Le 5 ou le 6, il est à Milan. Puis il traverse la Lombardie.

Le 15 juin, sur la route de Livourne à Sienne, il est frappé d'une insolation. Le consul français de Livourne le fait rapatrier à Marseille où il est soigné à l'hôpital. Peu après, il a l'intention de s'engager dans les troupes carlistes et de passer en Espagne ; mais il n'y parvient pas.

En juillet, il revient à Paris et, pendant les vacances, assure la fonction de répétiteur dans un cours de vacances à Maisons-Alfort.

Vers le 6 octobre, il est à Charleville où il fréquente de nouveau Delahaye, Louis Pierquin, Ernest Millot. A l'époque, il envisage de devenir Frère des Écoles chrétiennes pour être envoyé en Extrême-Orient. Il se plonge dans l'étude de plusieurs langues étrangères et apprend le piano.

Le 18 décembre, Vitalie meurt d'une synovite tuberculeuse.

1876 – Début avril, Rimbaud part pour Vienne où il se fait voler son argent. Il revient à Charleville.

En mai, il se rend à Bruxelles, puis à Rotterdam. Le 18 mai, au port de Harderwijk sur le Zuyderzee, il se fait enrôler pour six ans dans l'armée coloniale hollandaise.

Le 10 juin, le *Prins van Oranje,* sur lequel se trouvent les quatre-vingt-dix-sept fantassins recrutés, appareille à Niewe Diep. Le 22 juin, le navire arrive à Naples.

Le 19 juillet, le *Prins van Oranje* aborde à Padang (Sumatra). Le navire repart pour Batavia. Le 30 juillet, la compagnie à laquelle appartient Rimbaud embarque pour Samarang. Le 15 août, Rimbaud est porté déserteur. Le 30 août, il embarque à Samarang sous un nom d'emprunt, à bord du *Wandering Chief,* navire écossais qui fait route jusqu'en Angleterre, en passant par Le Cap, Sainte-Hélène (23 octobre), etc.

Le 6 décembre, Rimbaud débarque à Queenstown en Irlande, prend le train jusqu'à Cork où il s'embarque pour Liverpool. A Liverpool, il prend un bateau qui le mène au Havre. Le 9 décembre, il est de retour à Charleville.

1877 – Durant l'hiver, Rimbaud reste à Charleville ou à Roche.

En mai, il est à Cologne, recruteur de volontaires pour le compte d'un agent hollandais.

Le 14 mai, on le retrouve à Brême où il écrit, sans succès, au consul des États-Unis pour s'engager dans la marine américaine. On le voit ensuite à Hambourg. Puis il travaille comme employé au cirque Loisset.

En juillet, il suit le cirque Loisset à Stockholm, puis à Copenhague. A la fin de l'été, il revient à Charleville.

En automne, il s'embarque à Marseille pour Alexandrie ; mais, malade, il doit débarquer en Italie à Civitavecchia. Rétabli, il va jusqu'à Rome, revient jusqu'à Marseille et regagne enfin Charleville où il reste durant l'hiver.

1878 – En janvier, *The Gentleman's Magazine* à Londres publie « Petits Pauvres » *(Les Effarés)*, signé « Alfred [*sic*] Rimbaud ».

Rimbaud, durant ce premier semestre, serait allé à Hambourg ou en Suisse.

Rimbaud passe l'été à Roche.

Le 20 octobre, il quitte Charleville, traverse à pied les Vosges, la Suisse et passe le Saint-Gothard.

Le 19 novembre, arrivé à Gênes, il s'embarque pour Alexandrie où il signe un contrat d'embauche avec E. Jean et Thial fils de Larnaca, port de Chypre.

Le 16 décembre, il entre en fonction à Larnaca où il dirige l'exploitation d'une carrière.

1879 – Rimbaud, dans des conditions difficiles, continue son travail. Il a parfois de graves discussions avec les ouvriers.

Fin mai, atteint de typhoïde, il doit rentrer rapidement en France. Il revient à Roche, se rétablit. L'été, il participe aux travaux de la moisson.

En septembre, il rencontre pour la dernière fois Delahaye qui vient passer quelques jours à Roche. Durant l'automne, Rimbaud veut repartir pour Alexandrie, mais, arrivé à Marseille, frappé de fièvre, il doit rebrousser chemin et rejoindre Roche.

1880 – Rimbaud passe l'hiver à Roche.

En mars, il s'embarque pour Alexandrie, regagne Chypre. Il est alors engagé comme chef d'équipe pour construire le palais du gouverneur sur le mont Troodos (2 100 m).

Le 20 juin, il quitte son emploi pour en prendre un autre plus lucratif.

En juillet, se jugeant mal payé, il donne sa démission et part pour l'Afrique. Il est possible que ce départ soit dû aussi au meurtre d'un ouvrier qu'il aurait commis dans un mouvement de colère. A Aden, port de la mer Rouge, grâce à une recommandation qu'il a pu obtenir à Hodeïdah d'un négociant français, un certain Trébuchet, il se fait engager par l'agence Mazeran, Viannay,

Bardey et Cie, spécialisée dans le commerce (importation-exportation).

Le 10 novembre, il est affecté à la succursale Bardey de Harar, ville du centre de l'Abyssinie, qui comptait alors entre 35 000 et 40 000 habitants. Il s'embarque jusqu'à Zeïla, puis traverse le désert somali et arrive enfin à Harar, début décembre.

1881 – Rimbaud s'habitue difficilement à ce nouveau poste, en dépit d'un climat plus favorable. Il y contracte sans doute la syphilis, dont les complications peuvent expliquer sa mort dix ans plus tard.

En avril, Alfred Bardey et son équipe arrivent à Harar.

En mai-juin, Rimbaud fait une expédition à Bubassa, à cinquante kilomètres de Harar.

Durant le mois de juillet, frappé d'un nouvel accès de fièvre, il doit s'aliter.

En septembre, irrité de n'avoir pas été promu à la direction de l'agence de Harar, il donne sa démission. Le 15 décembre, il reprend son travail à Aden, toujours à l'agence Bardey.

1882 – Rimbaud continue à travailler à Aden. Il a la pleine confiance d'Alfred Bardey. Rongé par l'ennui, il songe à écrire un « ouvrage sur le Harar et les Gallas » et à le soumettre à la Société de Géographie (lettre à E. Delahaye du 18 janvier).

1883 – Le 28 janvier, à Aden, Rimbaud gifle un magasinier. Le consulat de France est informé de l'affaire. Alfred Bardey se porte garant de Rimbaud.

Le 20 mars, Rimbaud signe un nouveau contrat de travail pour deux ans avec l'agence Bardey. Le 22 mars, il se met en route pour Harar où il s'installe de nouveau comme directeur de l'agence, cette fois. Il fait de la photographie à ses moments perdus.

En août, il envoie son associé Sotiro en expédition pour reconnaître l'Ogadine (région située entre Harar et le désert somali).

En septembre, au retour de Sotiro, il organise trois nouvelles expéditions dans ce pays et participe à l'une d'entre elles.

Le 10 décembre, revenu, Rimbaud rédige un rapport sur son voyage pour A. Bardey qui le communique à la Société de Géographie.

Cette année-là, Verlaine a publié dans plusieurs numéros de la jeune revue *Lutèce* (du 5 octobre au 17 novembre) une étude qui sera reprise l'année suivante dans son livre *Les Poètes maudits* (Vanier éditeur).

1884 – Publication du « Rapport sur l'Ogadine » signé « Arthur Rimbaud » dans les *Comptes rendus des séances de la Société de Géographie* (rapport présenté lors de la séance du 1er février).

Les événements politiques forcent l'agence Bardey à fermer. Le 1er mars, Rimbaud doit quitter Harar. Il parvient à Aden le 23 avril. Dans les lettres qu'il envoie à sa famille, il se montre désespéré : « Il est impossible de vivre plus péniblement que moi. »

En juin, Alfred Bardey crée une nouvelle société avec son frère. Il engage (le 19 juin) Rimbaud pour six mois. Rimbaud à cette époque et pendant deux ans au moins semble avoir vécu avec Mariam, une Abyssinienne, qu'il connaissait déjà peut-être à Harar.

En septembre, l'Égypte doit évacuer Harar, qui dépendait d'elle auparavant.

1885 – Le 10 janvier, Rimbaud signe un nouveau contrat pour un an avec Pierre Bardey.

Début octobre, il décide de quitter les Bardey et de faire fortune dans le trafic d'armes. Le 8, il signe un contrat avec Pierre Labatut, négociant au Choa. Il devra mener une caravane d'armes jusqu'au Choa et livrer son chargement au roi Ménélik qui s'apprête à affronter l'empereur Jean pour régner sur l'Abyssinie.

En novembre, Rimbaud débarque au port de Tadjourah, d'où l'expédition doit partir.

1886 – Rimbaud doit rester à Tadjourah, car le gouvernement français interdit l'exportation d'armes au Choa. Cependant, grâce à l'intervention du résident français à Obock, il finit par obtenir une autorisation exceptionnelle.

Labatut tombe gravement malade et doit être rapatrié en France où il va mourir. Rimbaud décide alors de s'associer à Paul Soleillet. Mais celui-ci meurt le 9 septembre d'une embolie.

En octobre, Rimbaud décide de tenter seul cette expédition jusqu'à Ankober, capitale du Choa. Il livre 2 040 fusils et 6 000 cartouches.

Cette année-là ont été publiés dans *La Vogue* (13 et 23 mai, 3, 13 et 20 juin) la plupart des *Illuminations* de Rimbaud et certains de ses « Vers nouveaux ». Ces textes sont publiés en plaquette, la même année, avec une préface de Verlaine.

1887 – Le 6 février, Rimbaud atteint Ankober. Il n'y trouve pas Ménélik qui est à Entotto. Il se rend dans cette ville et doit céder à bas prix sa livraison, car il lui faut en outre rembourser les nombreuses dettes accumulées par Labatut au Choa.

Le 1ᵉʳ mai, avec l'explorateur Jules Borelli, il part d'Entotto pour rejoindre Harar. A Harar, le ras Makonnen, gouverneur de la province et cousin de Ménélik, lui verse de l'argent — mais sous forme de traites — pour payer la livraison d'armes.

Revenu à Aden le 30 juillet, Rimbaud décide, après les déconvenues de l'année précédente et les fatigues qu'il a subies, de prendre du repos. A Obock, il s'embarque, accompagné de son domestique Djami, pour Le Caire. Le 5 août, il est à Massaouah où il veut toucher l'argent des traites de Makonnen. On lui fait des difficultés, ses papiers n'étant pas en règle. Aux yeux du consul de France à Massaouah, il est d'abord « un sieur Rimbaud se disant négociant... ».

Le 20 août, Rimbaud est au Caire. Il y reste environ cinq semaines. « J'ai les cheveux absolument gris. Je me figure que mon existence périclite », écrit-il aux siens le 23 août. Prêt à tout pour quitter Aden, il a l'intention de partir pour l'Extrême-Orient. Les 25, 26 et 27 août, *Le Bosphore égyptien* publie des notes (que Rimbaud a transmises à Octave Borelli, frère de l'explorateur et directeur du journal) sur son expédition au Choa.

Le 8 octobre, il est de retour à Aden.

Le 15 décembre, dans une lettre aux siens, il apprend qu'il a écrit la relation de son voyage en Abyssinie et qu'il a envoyé des articles « au *Temps*, au *Figaro*, etc. ».

1888 – Pour le compte d'Armand Savouré, Rimbaud a le projet de convoyer une caravane d'armes, depuis la côte jusqu'au Choa ; mais il n'obtiendra pas les autorisations ministérielles.

Le 14 mars, après un voyage d'un mois pour son compte à Harar, il est à Aden.

Le 3 mai, il installe à Harar une agence commerciale pour le compte du négociant César Tian, son correspondant à Aden.

Le 4 août, dans une lettre aux siens, il écrit : « Je m'ennuie beaucoup, toujours ; je n'ai même jamais connu personne qui s'ennuyât autant que moi. »

En septembre-décembre, il reçoit à Harar la visite de plusieurs de ses amis du moment, Jules Borelli, Armand Savouré, Alfred Ilg.

1889 – Vainqueur de l'empereur Jean, Ménélik, roi du Choa, devient empereur d'Abyssinie.

Le 2 décembre, dans une lettre à Ilg, Rimbaud demande « un mulet » et « deux garçons esclaves ». Cette demande suffit longtemps pour accréditer la malheureuse légende de Rimbaud trafiquant d'esclaves, légende définitivement détruite par Mario Matucci dans son livre *Le Dernier Visage de Rimbaud en Abyssinie*.

1890 – Rimbaud fait toujours du commerce à Harar.

Dans une lettre datée du 17 juillet et que Rimbaud bizarrement gardera dans ses papiers, Laurent de Gavoty, directeur de *La France moderne*, petite revue littéraire de Marseille, lui demande sa collaboration et lui dit qu'il le considère comme « le chef de l'école décadente et symboliste ».

1891 – Au début de l'année, Rimbaud souffre de douleurs au genou droit.

En mars, il ne peut plus marcher et doit diriger ses affaires de son lit (placé sur une terrasse qui domine la cour de sa maison). A la fin du mois, il décide d'aller se faire soigner à Aden.

Le 7 avril, sur une civière construite selon ses plans, il est transporté à travers trois cents kilomètres de désert jusqu'au port de Zeïlah où il embarque le 19 avril. Ses souffrances durant ce transport, dont il nous a laissé l'éphéméride, ont été presque insupportables. A Aden, le diagnostic est très sévère. On parle de cancer du genou.

Le 9 mai, Rimbaud embarque pour la France à bord de *L'Amazone*. Débarqué à Marseille le 20 mai, il est transporté à l'hôpital de la Conception où il écrit immédiatement à sa mère.

Le 23 mai, appelée d'urgence par télégramme, car Rimbaud doit être opéré, Mme Rimbaud arrive à Marseille. Le 27, Rimbaud est amputé de la jambe droite. Le 9 juin, Mme Rimbaud repart pour Roche.

Le 23 juillet, Rimbaud quitte l'hôpital et, placé dans un wagon spécial, va jusqu'à la gare de Voncq, près de Roche. Durant son séjour à Roche, son état va s'aggraver de jour en jour.

Accompagné de sa sœur Isabelle, il repart le 23 août pour Marseille, avec l'idée de s'embarquer pour Aden. Mais le 24, il doit être hospitalisé immédiatement. Le cancer se généralise. Rimbaud est entièrement paralysé.

Le 9 novembre, Rimbaud dicte à sa sœur une lettre incohérente destinée au directeur des Messageries maritimes. Il demande à être porté à bord du prochain navire en partance pour Aden.

Le 10 novembre, Rimbaud meurt à dix heures du matin, à l'âge de trente-sept ans. Ce même jour, paraît *Reliquaire*. *Poésies* de Rimbaud, préface de Rodolphe Darzens, aux éditions Léon Genonceaux. Mais cette édition sera vite retirée du commerce en raison d'un désaccord survenu entre Darzens et Genonceaux.

1892 – Publication en un volume, avec une préface de Verlaine, de *Les Illuminations. Une saison en enfer*, chez Vanier.

1893 – Le 12 décembre, d'Alger, Germain Nouveau, ignorant encore la mort de Rimbaud, lui adresse une lettre à Aden (au consulat de France).

1895 – Les *Poésies complètes* de Rimbaud, préfacées par Verlaine, sont publiées chez Vanier, avec des notes de cet éditeur.

1898 – *Œuvres : Poésies, Illuminations, Autres Illuminations, Une saison en enfer*, préface de Paterne Berrichon (de son vrai nom Pierre Dufour, il avait épousé Isabelle Rimbaud en 1897) et Ernest Delahaye, sont publiées aux éditions du Mercure de France.

TABLE

ILLUMINATIONS

CORRESPONDANCE : LETTRES CHOISIES
(1873-1875)

TABLE 221

DERNIÈRES LETTRES : LETTRES CHOISIES
(1878-1891)

GF — TEXTE INTÉGRAL — GF

1/1669-VII-1996. — Imp. Bussière Camedan Imprimeries, St-Amand (Cher).
Nº d'édition FG051706. — Septembre 1989. — Printed in France.